Sébastien LE GUIL

L'UE MODERNE

BoD

Prix : 12,31€

© 2013 - Sébastien Le Guil

Éditeur : Books on Demand GmbH
12/14 rond point des Champs Élysées
75008 Paris
France
Impression : Books on Demand GmbH,
Allemagne
ISBN : 978-2-322-03104-7
Dépôt légal : avril 2013

SOMMAIRE

Préface   11

PARTIE 1 – **Fondamentaux et environnement économiques de l'UEM**   13

1 – Principes et contraintes liés à la monnaie unique   15
Le pacte de stabilité et de croissance   15
Le principe de cohésion   18

2 – Politique monétaire de la zone euro   20
Le rôle de la BCE   20
Lutte contre l'inflation   22
Politique de Change   25
Protectionnisme   28

3 – Les financements de l'UE   32
Le rôle des marchés de capitaux   32
Le financement de la zone euro   35
Vers une mutualisation des dettes?   39

PARTIE 2 – La zone euro en trois États   42

4 – Le cas grec   44
2010 : l'aide internationale   44
L'épreuve de l'austérité   45
Un avenir économique incertain   47

5 – L'exception française   49
Le déclin économique   49
Réorientation politique   50
Économie : l'heure des choix   51
Euroscepticisme   58

6 – Le modèle allemand   60
Première puissance de l'UE   60
Un modèle industriel   62
L'agenda 2010   65

PARTIE 3 – Politique économique de l'UE   69

7 – Construction de l'Europe économique et monétaire   71
De la CECA au marché unique   71
Du marché unique à aujourd'hui   74

8 – Politique de croissance et rôle de l'État   77
Quelle place pour le keynésianisme?   77
Les remèdes pour stimuler la croissance   80

9 – Économie libérale et modernisation   82
Les arguments d'un recours à l'offre   82
Politique structurelle et réforme de l'État   87

**PARTIE 4 – Les évolutions
de l'Europe**   100

10 – L'élargissement de l'Europe   102
Construction et élargissement de l'UE   102
L'UEM et les pays en transition   106

11 – Les adaptations de l'Europe   108
Population et flux migratoires   108
Écologie et transition énergétique   111

**PARTIE 5 – Réforme des institutions
et gouvernance européenne**   116

**12 – La nécessaire réforme des
institutions européennes**   118
Vers une Europe fédérale   118
Réforme des institutions de l'UE   120
Réguler le marché unique   122
Un nouveau rôle pour la BCE   127
L'Europe de la paix   128

Conclusion   129

Annexes   131

Auteur   139

Sigles   140

« L'unification de l'Europe a pour la civilisation, une portée qui dépasse même la sécurité et la paix. L'Europe est à l'origine des progrès dont nous bénéficions tous et les Européens sont aujourd'hui capables d'apporter au développement de la civilisation, par leur esprit créateur, une contribution aussi grande que dans le passé. Mais pour permettre à cet esprit créateur de s'épanouir à nouveau, nous devons harmoniser nos institutions et notre économie avec l'époque moderne. C'est en unifiant l'Europe que nous y parviendrons. »

Jean Monnet (1888-1979), économiste français, père fondateur de la Communauté européenne.

Préface

De Rome à Lisbonne en passant par Maastricht, la construction européenne a permis de réunir les États du continent européen autour de règles communes pour aboutir progressivement à l'Union économique puis monétaire de l'Europe avec l'entrée en vigueur de la monnaie unique en janvier 2002. Première puissance économique de la planète devant les USA et la Chine, l'Union européenne représente aujourd'hui une part de 40% des échanges commerciaux mondiaux avec un marché unique de plus de 500 millions de consommateurs. Mais la dégradation du climat économique mondial à l'aube des années 2010 a stoppé l'hégémonie du continent européen. Débutée au cours de l'été 2007 aux États-Unis, la crise des subprimes aura finalement raison des espoirs économiques que l'euro avait suscités en ce début de siècle. En provoquant la plus grave récession depuis 1929, elle a, sans le vouloir, rappelé à l'Union européenne des faiblesses qu'elle semblait vouloir oublier, remettant ainsi en cause l'unité économique fragile du continent et une monnaie qui peine à s'imposer comme devise internationale de référence. Aujourd'hui, les disparités qui peuvent exister entre la Grèce, l'Allemagne ou encore la France justifient un abandon de souveraineté des États au profit d'un fédéralisme renforcé, avec la nécessité de moderniser l'économie du vieux continent. L'union politique n'est donc plus qu'un simple objectif, elle est devenue une nécessité et une véritable opportunité pour l'Europe de faire face aux enjeux économiques du 21e siècle dans lequel les pays industrialisés devront partager le leadership mondial avec des nations telles que la Chine, le Brésil ou encore l'Inde qui poursuivent depuis une vingtaine d'années un rythme de développement pour le moins effrayant.

Dans un esprit de modernité, cet ouvrage tentera de répondre aux enjeux économiques et politiques de l'UE pour les années à venir. Il reviendra notamment sur les événements qui ont marqué la zone euro ces dernières années à l'image de la crise grecque, l'instabilité chronique des marchés financiers ou encore les désaccords politiques croissants entre les États membres. Tous les sujets économiques sensibles de la zone euro seront bien évidemment abordés : pacte de stabilité et de croissance, lutte contre l'inflation, rôle de l'État, politique de l'offre, déséquilibres macroéconomiques de la zone euro ainsi que les problèmes liés aux évolutions démographiques et à la transition énergétique, sans oublier la vaste réforme des institutions de l'UE qui définira l'Europe de demain...

PARTIE 1

FONDAMENTAUX ET ENVIRONNEMENT ÉCONOMIQUES DE L'UEM

Carte 1. L'Europe économique (UE27)

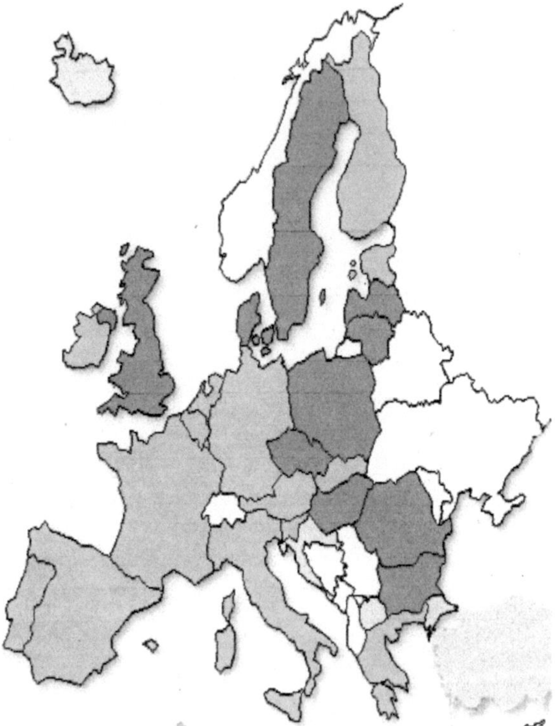

ZE17

UE

(hors zone euro)

Pays candidats

1 Principes et contraintes liés à la monnaie unique

Alors que le Système monétaire européen[1] (1979-1992) touche à sa fin, le traité de Maastricht marque une nouvelle page de l'histoire européenne avec la création de l'Union économique et monétaire (UEM).

Le pacte de stabilité et de croissance

En 1992, la signature du traité sur l'Union européenne ou «traité de Maastricht» marque une nouvelle étape de la construction européenne en posant les bases de l'Union économique et monétaire. Dans le cadre de l'union monétaire, les textes prévoient une série de critères d'éligibilité auxquels devront répondre les États souhaitant adhérer à la future monnaie unique, l'euro. Parallèlement, le traité d'Amsterdam (1997) charge la Commission européenne de veiller au respect des engagements du PSC par les États membres. En dehors des objectifs de stabilité monétaire et de lutte contre l'inflation, ces critères ont surtout pour objectif d'assurer une convergence

---

1. Voir politique économique de l'UEM (partie 3-7).

économique entre les pays de la zone euro en limitant les disparités existantes entre les États. Ainsi, tout pays prétendant à l'intégration de l'UEM doit impérativement répondre aux quatre critères suivants :

- le déficit public ne doit pas dépasser plus de 3% du produit intérieur brut ;
- la dette publique ne doit pas représenter plus de 60% du produit intérieur brut ;
- le taux d'inflation ne doit pas dépasser de plus de 1,5 point le taux des trois meilleurs pays de l'UE15[2] ;
- le taux d'intérêt à long terme ne doit pas excéder de plus de deux points la moyenne des taux des trois meilleurs pays de l'UE15.

Cependant, bien que le PSC soit conçu avant tout pour réguler l'activité économique de la zone euro, il n'en reste pas moins un pacte de discipline : les pays peuvent ainsi se voir infliger jusqu'à 700 millions d'euros d'amende par la Commission européenne en cas de dérives budgétaires avérées. Les conditions d'adhésion fixées, l'euro devient en 1999 la devise commune de onze pays européens. Absent de marque, la Grande-Bretagne a bénéficié de « l'opting out »[3] l'autorisant à ratifier le traité sans adhérer à l'euro. Les premiers billets seront mis en circulation le 1ᵉʳ janvier 2002 dans une zone qui compte désormais dix-sept États[4].

---

2. Europe des 15.
3. Clause d'exception.
4. Voir carte de l'Union européenne p.14.

Dix ans après la mise en circulation de la monnaie unique, le bilan du pacte de stabilité et de croissance est mitigé. La décennie est marquée par un certain laxisme budgétaire et la crise des dettes souveraines n'a rien arrangé. Fin 2012, la dette publique de la zone euro s'élevait à 90% du PIB soit 30 points au-dessus du plafond imposé par les critères de Maastricht. Avec 4,1% du PIB, le déficit public n'est guère plus reluisant, mais reste malgré tout à un niveau acceptable. Une situation qui a contraint les dirigeants européens à renforcer le pacte de discipline budgétaire en y imposant une « règle d'or » visant à l'équilibre budgétaire annuel, et que les États membres devront inscrire dans leur constitution. Associé au pacte de discipline, le volet croissance s'inscrit dans un objectif de progrès économique et social durable. Pour exemple, le pacte de croissance négocié dans le dernier traité européen prévoit un montant de 120 milliards d'euros pour financer de grands projets de développement et d'infrastructures. Insuffisant pour créer un réel effet d'aubaine sur le plan économique, mais ce volet revêt surtout un caractère symbolique : il ne sert en réalité qu'à « assouplir » le pacte de stabilité dont les contraintes tendent elles-mêmes à limiter toute politique de croissance (voir partie 3-8).

Le principe de cohésion

Si la crise des dettes souveraines a remis en cause l'efficacité du pacte de stabilité et de croissance, elle a permis de renforcer la solidarité entre les États, désormais conscients des conséquences dramatiques que pourrait entraîner la faillite d'un pays pour l'économie de la zone euro. Reconnu par le traité sur l'Union Européenne, le principe de cohésion qui suggère un transfert de richesses des pays les plus riches de la zone euro vers les pays les plus pauvres rend peu probable un tel scénario... D'autant que les États peuvent également profiter d'une contrainte extérieure moins forte du fait de la monnaie unique. Créé en 2010 dans le but de soutenir temporairement les pays de la zone euro en difficulté, le Fonds européen de stabilité financière (FESF) répond clairement à cet objectif de solidarité. Doté d'une capacité de prêts de 440 milliards d'euros, le FESF émet des obligations sur les marchés afin de financer les pays en difficultés, avec la garantie des États de la zone euro. Depuis sa création, des pays tels que le Portugal, la Grèce ou encore l'Irlande, sujets à de graves difficultés économiques, ont pu bénéficier de ce fonds commun de créances.

Cependant, s'il permet de maintenir une certaine stabilité au sein de l'UEM, le principe de cohésion n'en produit pas moins des « effets pervers » dans la mesure où l'équilibre se réalise au profit d'une participation financière plus importante des pays forts de l'union. Ces derniers étant déficitaires, l'équilibre consistera en réalité à effacer de la dette par une autre. Pour la France, les aides financières apportées à la Grèce représentent près de quinze milliards de dettes supplémentaires sur la période 2011-2014. Mais plus que les États, ce sont les citoyens qui sont mis à contribution : le dernier versement à la Grèce[5] équivaut à une année d'impôts sur le revenu pour les contribuables français.

Les États peuvent également profiter de la contrainte extérieure moins forte que leur fait bénéficier la monnaie unique. On peut évoquer ici un phénomène de solidarité « mécanique » propre à l'union monétaire. Les pays de la zone peuvent en effet bénéficier des performances obtenues par leurs partenaires en matière de croissance et de commerce extérieur. Ainsi, la croissance économique dont a pu bénéficier la zone euro en 2011 (1,4%) fut essentiellement portée par l'économie allemande (2%). Scénario identique pour le commerce extérieur en 2012 où l'excédent commercial de la zone euro pour les échanges de biens (+81,8 Mds)[6] reste principalement le fruit des exportations allemandes (+174,6 Mds).

---

5. Fin 2012, la zone euro (34 Mds d'€) et le FMI (10 Mds d'€) ont débloqué une tranche de 44 milliards d'euros à la Grèce (voir partie 2-4).
6. Commerce international de biens.

2 Politique monétaire de la zone euro

En 1999, le système monétaire européen est réorganisé. Le SEBC (Système européen des banques centrales) est créé par la fusion des banques centrales nationales (BCN) de l'UE et de la BCE, désormais en charge de la politique monétaire et de la lutte contre l'inflation.

Le rôle de la BCE

La BCE ou « banque centrale de l'Union européenne »[7] forme avec les banques centrales nationales des pays de la zone euro l'Eurosystème, un sous-groupe du Système européen des banques centrales. La BCE est une institution indépendante des États qui par conséquent perdent leur souveraineté sur le plan monétaire. Les banques centrales nationales sont ainsi chargées d'appliquer les décisions de la BCE pour leurs pays respectifs. Les missions de la BCE entourent la politique monétaire et la politique de change de l'UEM. Elles répondent aux objectifs suivants :

---

7. Voir participation des États à la BCE (annexes).

- création monétaire et fabrication des billets en euros ;
- stabilité des prix et politique de lutte contre l'inflation ;
- politique d'appréciation et de dépréciation de la monnaie unique.

La BCE met en œuvre sa politique par la manipulation de taux d'intérêt directeurs qu'elle fixe dans l'objectif de contrôler l'offre et la demande de crédit (Tab.1). Ces taux :

- indiquent l'orientation générale de la politique monétaire de l'Eurosystème;
- guident les taux d'intérêt à très court terme.

Tableau 1. Taux d'intérêt directeurs de la BCE

Taux	2005 (2012)
Taux de soumission minimal appliqués aux opérations de refinancement[1]	2 (0,75)
Taux de facilité de dépôt[2]	1 (0)
Taux de prêt marginal[3]	3 (1,5)
Taux moyen	2 (1,125)

1. Opérations de refinancement par lesquelles l'Eurosystème alimente le système bancaire en liquidités (taux principal).
2. Les établissements peuvent constituer des dépôts à 24h auprès des banques centrales (taux de réserves obligatoires[8]).
3. Les établissements sollicitent des liquidités à 24h contre actifs éligibles auprès de l'Eurosystème (ex. titres de créance négociables → Voir financements de l'UEM).

---

8. Les réserves obligatoires sont les dépôts que les établissements financiers doivent verser à la BCE pour pouvoir accorder des crédits. Ex. Une banque qui dispose au bilan de 100 millions de dépôts soumis aux obligations de réserves obligatoires devra verser 1 million d'€ (2005).

La crise des dettes souveraines a remis en cause le rôle de la BCE dans la politique économique de l'UEM. Pour l'heure, sa mission au sein de la zone euro se limite pour l'essentiel à la stabilité des prix. Les États de la zone euro ne disposent entre autres d'aucune possibilité de financement direct par la BCE. Les statuts de la banque devront donc faire l'objet d'une révision dans le cadre de la réforme des institutions européennes (voir partie 5-12). L'objectif sera de renforcer les pouvoirs de la BCE afin de lui permettre d'intervenir directement auprès des États.

Lutte contre l'inflation

> **Rappel _1. Origine de l'inflation moderne**
>
> L'inflation s'inscrit comme un véritable marqueur de la crise économique contemporaine. Dans la foulée des Trente glorieuses, les chocs pétroliers des années 1970 s'accompagneront de la baisse des investissements et de l'activité productive mondiale. L'inflation galope[9] et la désorganisation du système financier au début des années 80 n'arrange rien. Au cours des années 2000, l'inflation prend une nouvelle dimension. Les prix du pétrole explosent[10] tandis qu'une croissance artificielle se développe aux États-Unis. Portée par l'endettement des ménages américains en raison de la multiplication des prêts immobiliers à risque (subprimes), elle provoquera une crise monétaire à l'origine de la crise financière de 2008.

---

9. Inflation à deux chiffres en 1974.
10. Le baril avait atteint un niveau historique en 2008 : 1 baril ≈ 140$.

La Banque centrale européenne est donc la seule institution de l'Union européenne et de l'Eurogroupe susceptible de pouvoir lutter efficacement contre l'inflation. Ses taux d'intérêt directeurs lui permettent d'agir sur l'offre et la demande de crédit en fonction du niveau de l'inflation et de la conjoncture économique. La BCE aura donc le choix entre deux types de politique monétaire :

• une politique « expansive » qui consistera à réduire le coût du crédit en baissant les taux d'intérêt directeurs (voir tab.1) afin de relancer la demande des agents économiques et la croissance ;

• une politique « restrictive » qui consistera à augmenter le coût du crédit en augmentant les taux d'intérêt directeurs dans un objectif de désinflation et de ralentissement de croissance.

À la fin des années 2000, le retournement de la conjoncture allait obliger la BCE à engager une politique de croissance dans la foulée d'une politique de désinflation compétitive. En 2005, un excès de liquidités dans l'économie avait encouragé la banque européenne à relever ses taux alors fixés à 2% (voir tab.1) dès l'année suivante. La croissance de la masse monétaire M3[11] atteignait les 8,1% et l'indice des prix se situait à 2,5% alors que la BCE fixait un plafond respectivement à 4,5% et à 2% pour ces deux indices. Dans le même temps, les crédits du

---

11. Organisme de placements collectifs en valeurs mobilières (OPCVM) et certificats de dépôt. L'OPCVM monétaire (ou OPCVM de trésorerie) constitue une épargne ou un placement à court terme.

secteur privé qui grimpaient à 8,4% allaient confirmer l'excès de liquidités en circulation. La hausse des taux directeurs semblait d'autant justifiée que la zone euro subissait en 2005 une croissance « molle » (1,4%) pour un taux d'inflation supérieur à 2% (2,2). L'explosion du prix des matières premières énergétiques[12] allait finalement obliger les dirigeants de la BCE à passer à l'acte dès l'année suivante.

Fin 2008, la zone euro rentre en récession avec une croissance négative de 1,5 point de PIB. Les investissements chutent et l'inflation en zone euro connaît un net ralentissement pour finir l'année sous les 2%[13]. L'opportunité pour la BCE de baisser son taux de refinancement (taux principal) à 1% au cours de l'année 2009, évitant au passage les risques de déflation. Mais l'effet d'aubaine sera de courte durée. Après s'être maintenu sous les 1% au cours de l'année 2009, le taux d'inflation repasse dès l'année suivante la barre symbolique des 2% pour atteindre les 3% fin 2011. En 2012 et malgré une nouvelle baisse de son taux principal à 0,75%, la BCE n'est pas parvenue à ramener le taux d'inflation sous les 2%. En effet, la zone euro connaît une période de récession[14] et doit dans le même temps trouver un équilibre entre la lutte contre l'inflation et une politique efficace de retour à l'emploi (voir la partie 3-9).

---

12. Les prix du pétrole ont augmenté de 40% sur l'année 2005.
13. Après avoir atteint les 3,7% au mois de mai 2008, le taux d'inflation de l'UEM est descendu à 1,6% au mois de décembre de la même année.
14. Le PIB de la zone euro a reculé de 0,6% en 2012.

Politique de Change

La politique de change de la zone euro concerne les opérations relatives à l'appréciation ou à la dépréciation de la monnaie unique. Sur le marché des changes, la BCE aura donc pour mission d'acheter ou de vendre des devises étrangères ou en euros afin de contrôler l'offre sur sa monnaie. Elle déterminera sa politique en fonction du solde de la balance des transactions courantes (Tab.2).

Tableau 2. Balance des transactions courantes de la zone euro en 2012 (Mds d'€)

Balance commerciale	Biens	Total	104,2
Solde	104,2		
Balance des invisibles[15]	Services	Total	6,7
Solde	89,6		
	Revenus		
Solde	28,3		
	Transferts courants		
Solde	-111,2		
Balance des transactions courantes		Total	110,9

Source : Eurostat.

Cette balance récapitule les soldes relatifs aux opérations de commerce extérieur (biens, services), aux revenus et transferts courants de l'Eurogroupe en 2012. La zone euro bénéficie sur l'année d'un solde positif de 110,9 milliards

---

15. Compte retraçant les entrées ou sorties de devises liées aux services (ex. Tourisme, assurances), revenus (ex. Salaires versés à des non-résidents) et transferts courants (ex. Versement au budget européen).

(voir tab.2). Dans le cadre d'une politique d'appréciation de sa monnaie, la BCE a la possibilité d'utiliser cet excédent pour acheter des devises étrangères afin de limiter l'offre de sa monnaie. À l'inverse, si elle souhaite procéder à une dévaluation, la BCE devra créer des devises supplémentaires en euros afin d'en stimuler la demande sur le marché des changes. La BCE a semble-t-il privilégier une politique de monnaie forte depuis la mise en circulation de la monnaie unique. En effet, l'euro s'est maintenu sur une moyenne de 1,31$ depuis 2002, seule année de parité entre la monnaie unique et le dollar. Par ailleurs, un « taux directeur moyen » à 2% (voir tab.1) fut fixé par la BCE de 2003 à 2006. Sans altérer la croissance, l'ajustement aura permis de limiter la création monétaire sans affecter la capacité d'investissement des agents économiques[16].

Cependant, bien que les comptes courants de l'Eurogroupe soient positifs, ils traduisent cependant de grandes disparités entre les États membres en matière de commerce extérieur. Depuis 2002, l'« euro fort » a plutôt handicapé les exportations de la zone euro qui restent pour l'essentiel portées par l'économie allemande. L'écart s'est notamment creusé entre la France et l'Allemagne, les deux plus grandes puissances de la zone euro. En effet, si l'Outre-Rhin a su profiter de cette politique monétaire en s'appuyant notamment sur un modèle industriel

---

16. La période (2003-2006) s'est traduite par une relative stabilité économique au sein de la zone euro. Cette dernière a pu profiter d'une croissance de 2% avec un taux d'inflation stabilisé autour de 2% (2,1).

compétitif (voir partie 2-6), la France a perdu sur le rapport compétitivité-prix lors du passage à la monnaie unique. Pénalisée par la conversion du Franc en euro et par des coûts de production élevés (voir la partie 2-5), la France enregistrera au total une perte de 76,4 milliards d'euros en dix ans[17] sur ses comptes courants, subissant le même sort que ses voisins italiens et espagnols, également déficitaires (voir annexes).

Face à ces déséquilibres et une situation de récession, la BCE dut se résoudre dès 2009 à baisser progressivement ses taux d'intérêt directeurs. Le taux de refinancement ou « taux principal » historiquement bas (voir tab.1) démontre clairement la volonté de la banque européenne de remettre au goût du jour une politique favorable aux investissements et à la croissance. Sans parler de réelle dévaluation, ces ajustements monétaires auront abouti à une légère dépréciation de l'euro par rapport au dollar au cours du premier semestre 2012[18], permettant à la zone euro de bénéficier d'une embellie sur ses exportations (+8%) par rapport à ses importations (+2%) au cours du même semestre de l'année. Par ailleurs, le solde des transactions courantes de l'UEM était en 2012 supérieur à celui des USA, du Japon et du RU[19].

---

17. Positif en 2002 (+27,5 Mds), le compte des transactions courantes de la France était négatif en 2012 (-48,9 Mds).
18. Cours moyen de l'euro < 1,30$ au cours du premier semestre 2012.
19. USA (-368 Mds d'€) ; Japon (45,7 Mds d'€) ; RU (-58,4 Mds d'€).

Protectionnisme

Les politiques de protectionnisme apparaissent restreintes au sein de l'Union économique et monétaire depuis la suppression des barrières douanières par le marché unique en 1986. Aujourd'hui, le protectionnisme au sein de l'UE se résume à un certain nombre de règles relatives aux quotas, aux normes techniques et administratives et aux politiques d'ajustements monétaires. Au niveau du commerce mondial, on peut distinguer trois grandes mesures de protectionnisme :

- les « barrières douanières » qui consistent à augmenter le coût d'importation d'un produit dans le but d'affaiblir sa compétitivité au niveau national ;
- les « barrières non douanières » qui se rapportent aux quotas d'importation (produits), aux normes techniques[20] et administratives ainsi qu'aux aides de l'État (subventions) versées aux entreprises qui améliorent leur compétitivité sur le marché mondial ;
- les « manipulations monétaires » qui se rapportent aux politiques de dépréciation et de sous-évaluations des devises nationales. Ces ajustements permettent aux pays de doper leurs exportations tout en limitant leurs importations devenues trop coûteuses.

---

20. Normes techniques, d'hygiène, sociales et environnementales.

Abrogés au sein de l'UE par l'acte unique européen dans le cadre du libre-échange, les droits de douane restent la principale barrière entre les pays de l'Union européenne et le reste du monde pour les opérations de commerce extérieur. Le droit de douane est un impôt imputé aux clients qui achètent un produit dans un pays étranger (hors UE). Par conséquent, il rend le bien plus cher et donc moins compétitif lors de son introduction sur le marché national. Une aubaine pour les producteurs nationaux qui bénéficient ainsi d'un avantage compétitivité-prix sur leurs produits. La production nationale ou « made in France » s'en retrouve renforcée en retour au détriment d'importations plus coûteuses. En outre, une entreprise française qui achète une marchandise pour 1200€ au Japon avec des droits de douane qui s'élèvent à 2% et des frais de port et d'assurance à 30€ devra acquitter 25€[21] de droits de douane, auxquels viendront s'ajouter les frais de livraison et la taxe sur la valeur ajoutée (TVA). La marge dont dispose le producteur français sur le concurrent japonais s'élèvera au final à 55€[22] sur le coût total[23] du produit.

Malgré tous les avantages économiques et politiques qu'il procure, le protectionnisme du fait de son côté interventionniste porte d'une certaine façon le fardeau de la démondialisation et rentre en contradiction avec une société où le capitalisme et la propriété privée sont maîtres.

21. Droits de douane → (1200+30)*2/100 = 24,60€ (25€).
22. Montant obtenu en ajoutant les droits de douane (25€), les frais de port et d'assurance (30€).
23. Coût total → (1200+30+25+20 (livraison)) * TVA 19,60% = 1525€.

En 2012, la situation du site d'ArcelorMittal à Florange a remis sur la table l'idée d'un protectionnisme défensif[24] pour recourir aux difficultés rencontrées par l'aciérie lorraine. Une nationalisation temporaire du site fut en effet envisagée afin de sauvegarder les emplois et de protéger temporairement l'activité des hauts-fourneaux menacée à terme de disparaître. Si une telle mesure peut être exploitée à des fins de politique intérieure, elle reste inappropriée sur le plan économique dans la mesure où l'État interviendrait pour la sauvegarde d'une société dont la rentabilité est contestée[25]. Par ailleurs, l'idée d'une nationalisation porterait dans ce cas précis atteinte à la propriété privée sachant que la direction du groupe n'a sollicité aucune aide de l'État français. De plus, cette initiative constituerait un risque financier de plus de 300 millions d'euros pour l'État sans aucune garantie de rentabilité en retour.

Dans le cadre des barrières non douanières, chaque pays appliquera ses propres quotas tout en faisant respecter les normes techniques et sanitaires imposées par le marché unique (logo CE). En vogue dans les pays émergents (NPI), les politiques de subventions aux entreprises existent également au sein de l'UE. La France a récemment pris des dispositions allant dans ce sens (voir partie 2-5).

Les politiques de dévaluation de devises sont également utilisées dans le cadre du

---

24. Théorie de l'économiste N. Kaldor (1908-1986) : soutien aux sociétés vieillissantes dont la compétitivité à l'international n'est plus bonne.
25. En 2011, ArcellorMittal Atlantique (Dunkerque) et Lorraine ont enregistré une perte nette de 125 millions d'euros.

protectionnisme. Ces ajustements monétaires sont notamment pratiqués par les États-Unis et plus encore par la Chine qui profite d'une monnaie particulièrement faible[26] pour doper ses exportations. Cette politique monétaire leur permet ainsi de concurrencer la zone euro dans les échanges commerciaux, tout en limitant les importations en provenance de l'UEM qui par conséquent se retrouve confrontée à un protectionnisme en retour de ses principaux partenaires commerciaux. La zone euro devra donc à l'avenir privilégier un euro plus faible dans l'idée d'un « protectionnisme modéré ». Une comparaison de ses balances commerciales aux premiers semestres 2011 et 2012 démontre clairement qu'un euro plus faible favorise le commerce extérieur de l'UEM (voir politique de change) alors qu'un euro fort le pénalise[27].

Dans le cadre d'une stabilité monétaire renforcée, les prochains grands sommets internationaux (G7, G8 et G20) devront œuvrer en faveur d'une gestion concertée des taux de change. Les principaux dirigeants de la planète s'accorderont ainsi à établir un équilibre entre les taux de change dans un souci de transparence vis-à-vis de la spéculation et des avantages économiques que peuvent tirer certains pays de leur monnaie faible.

---

26. 1 euro = 8,25 yuans.
27. Au premier semestre 2011, la balance commerciale de la zone euro était déficitaire de 23 Mds d'€. Le taux de change moyen de l'euro était supérieur à 1,40$ sur la même période.

3 Les financements de l'UE

L'économie de marché permet depuis les années 80 aux États de l'UE de se financer directement sur les marchés de capitaux. Néanmoins, les attaques spéculatives ont conduit la zone euro à envisager une dette mutuelle entre ses États...

Le rôle des marchés de capitaux

Les marchés de capitaux constituent le principal moyen de financement des États membres de l'UE. Exclusivement réservés aux gros prêteurs et emprunteurs, ces marchés permettent aux pays de se financer directement sans passer par l'intermédiaire de la banque (désintermédiation). Les États de l'UE27 peuvent ainsi emprunter auprès d'investisseurs privés en émettant des titres de dette sur une période déterminée. Au niveau mondial, les marchés de capitaux sont divisés en deux grandes parties (Tab.3) :

- le marché des capitaux à court et moyen terme ou « marché monétaire » ;
- le marché des capitaux à long terme ou « marché financier ».

Tableau 3. Marchés des capitaux à court, moyen et long terme

Marché monétaire	Marché des capitaux à court / moyen terme	
Subdivisions	Marchés interbancaires	Marché des titres de créances négociables
Opérations	Échange de monnaie centrale entre établissements de crédit / Trésor / Banque centrale	Ouvert aux agents économiques prêteurs / emprunteurs à partir d'un montant minimum
	Les institutions excédentaires prêtent leurs liquidités aux institutions déficitaires	Lieu d'émission de titres : billets de trésorerie (entreprises) /certificats de dépôts (banques) / bons du trésor (Trésor)
	La banque centrale y fixe son taux d'intervention	→ L'agence France Trésor émet chaque semaine des bons du Trésor sur les marchés de capitaux

Marché financier	Marché des capitaux à long terme	
Subdivisions	Marché primaire	Marché secondaire (bourse de valeurs)
Opérations	Émission / Échange des valeurs mobilières (actions[28] – obligations[29])	
	Émission de titres neufs	Échange de titres déjà émis

→ En France, c'est l'Eurolist[30] qui regroupe les sociétés classées selon leur valorisation :
- petites valorisations : < 150 millions d'€ de capitalisation;
- moyennes valorisations : de 150 millions à 1 milliard d'€;
- grandes valorisations : > 1 milliard d'€.

---

28. Titre de propriété assorti d'un dividende : part du capital d'une entreprise.
29. Titre de créance assorti d'un intérêt : part d'un emprunt à long terme.
30. Valeurs cotées sur Euronext Paris SA qui gère la bourse de Paris.

Depuis le début de la globalisation financière dans les années 80, les marchés financiers ont vu leur rôle de financement s'élargir à celui de véritable baromètre de l'économie mondiale. En effet, les marchés vivent aujourd'hui au rythme de la conjoncture économique mondiale dont ils reflètent, à l'instant près, les moindres tendances. Qu'il s'agisse de catastrophes naturelles, de guerres ou encore de données macroéconomiques en provenance des institutions économiques et financières (FMI, OCDE...), tout événement sera passé au crible par les marchés et aura ses répercussions sur les grandes bourses de valeurs mondiales[31]. La possibilité d'un effondrement en cascade n'est donc pas à exclure dans la mesure où les bourses mondiales sont connectées les unes aux autres. Ce risque de crise systémique n'écarte pas les bourses européennes d'autant que l'Union européenne est dépendante sur le plan énergétique et sa situation financière reste fortement liée à celle de l'économie américaine et des pays émergents. En 2011, le printemps arabe[32] avait entraîné la hausse des cours du pétrole qui s'était répercutée sur les prix du carburant en Europe. De la même manière, la faillite de la banque Lehman Brothers (Wall Street) en 2008 avait provoqué un effondrement en cascades des bourses mondiales à l'origine de la crise économique actuelle.

---

31. Tokyo (Nikkei) – Francfort (DAX) – Londres (FOOTSIE) – Paris (CAC 40) – Milan (MIB) – New York (Dow Jones).
32. Référence à la guerre en Libye, 4ᵉ exportateur mondial de pétrole.

Le financement de la zone euro

Les États de l'Union économique et monétaire peuvent se financer sur les marchés de capitaux en émettant leurs titres de dettes sur le marché des emprunts obligataires ou sur le marché des titres de créances négociables (voir tab.3).

Les investisseurs privés fixeront leurs taux d'emprunts en tenant compte de la situation économique et politique des États membres, des orientations politiques prises par la zone euro ainsi que de l'appréciation des agences de notation financière chargées d'évaluer la qualité de crédit des États de la zone euro. À titre indicatif, l'Allemagne emprunte aujourd'hui[33] à 1,4% à 10 ans (obligations), la Belgique à 2%, l'Espagne et l'Italie à hauteur de 5%, le Portugal à 7% et la Grèce à 13%, taux le plus élevé pour un pays de l'Eurogroupe.

Toutefois, ces taux d'intérêt demeurent aléatoires et la part occupée par chaque État dans l'économie de l'Eurogroupe influera autant sur les taux d'emprunt que les critères évoqués plus haut. Dans ce sens, l'exemple de la France est particulièrement révélateur. À l'image de l'Allemagne, le pays emprunte à des taux relativement faibles : 2% à 10 ans et très bas voir négatifs à court terme (bons du Trésor). Fin 2011, alors que les incertitudes grandissaient sur l'avenir de la zone euro, le pays a commencé à voir ses taux d'intérêt diminuer alors que ses

---

33. Taux d'emprunt au mois de décembre 2012 (Webstat).

partenaires européens empruntaient plus cher. Un phénomène qui s'explique par les tensions subies par l'Eurogroupe depuis 2010 où les plans d'austérité se sont succédé sur fond de chômage et sous la menace d'une sortie de la Grèce de la zone euro. Tous ces événements ont remis en doute les capacités de remboursement de pays tels que l'Italie ou encore l'Espagne, poussant ainsi les investisseurs à se reporter sur la France. Deuxième puissance de la zone euro, la France est l'un des rares pays de l'UE à avoir échappé à la récession depuis 2009 malgré un modèle économique déficient (voir partie 2-5). Autant de garanties qui lui permettent de bénéficier de la confiance aveugle des investisseurs compte tenu des incertitudes qui pèsent sur la monnaie unique. De plus, la baisse des taux d'intérêt de la France permettra de créer un équilibre financier au sein de la zone euro en venant compenser la hausse des taux de ses partenaires européens et les taux d'intérêt négatifs dont bénéficie l'Allemagne s'inscrivent également dans cette logique. Ce phénomène n'en reste pas moins une anomalie « passagère » dans la mesure où aucun créancier n'octroiera de crédit à perte à un client.

Dans un autre rôle, les agences de notations financières sont chargées d'évaluer la qualité de crédit des États membres de la zone euro. Actuellement, les trois agences les plus influentes sur les marchés financiers sont

Standart & Poors (USA), Moody's (USA) et Fitch Rating (France). Ces institutions évaluent la qualité de crédit des États en effectuant des analyses économiques. Ces analyses portent sur des projections de croissance, l'étude de données macroéconomiques ainsi que sur la pertinence des programmes économiques mis en place. Le tableau ci-dessous (Tab.4) est un extrait de la grille de notation financière de l'agence Standard & Poors.

Tableau 4. Extrait de la grille de notation financière

S & P	
AAA	Première qualité
AA+	Haute qualité
AA-	
BBB	Qualité moyenne
BBB-	inférieure
CCC+	Risque élevé
CCC-	En défaut, avec peu d'espoir de recouvrement
DDD	En défaut

Les notations s'effectuent avec les lettres A, B, C, D et les signes + et - auxquels ont pourra attribuer une perspective positive, stable ou négative. Fin 2012, douze pays au monde bénéficiaient encore du « triple A »[34], note de crédit la plus élevée, dont quatre États membres de la zone euro : la Finlande, le Luxembourg,

---

34. Un pays est considéré triple A lorsqu'il possède cette notation dans au moins deux agences de notations financières (S&P, Fitch Rating et Moody's).
.

l'Allemagne et les Pays-Bas. Première puissance économique de la planète, les États-Unis ont dû voir leur note dégradée par S&P au cours de l'été 2011 en raison d'un désaccord politique d'ordre budgétaire.

Le cas de la zone euro demeure particulier dans la mesure où les États sont liés par la monnaie unique pour laquelle le principe de cohésion s'applique (voir partie 1-1). Par conséquent, ils courent le risque d'une dégradation collective. Ce scénario s'est produit en janvier 2012 lorsque l'agence S&P a dégradé dix pays de l'Eurogroupe du fait des incertitudes économiques qui règnent autour de l'euro. La France a ainsi vu sa note abaissée à AA+ (voir tab.4) avec une perspective négative, autrement dit sous la menace d'une dégradation prochaine. À l'inverse, la Grèce a récemment vu sa note remontée de CCC (défaut sélectif) à B- par S&P grâce à l'aide financière commune apportée par la zone euro et le FMI.

Néanmoins, si ces institutions financières ont pour vocation d'orienter les marchés financiers pour fixer leurs taux d'intérêt, la décision n'en reste pas moins aux investisseurs. Malgré la perte de leurs triples A, des pays tels que les États-Unis et la France continuent à emprunter à des taux exceptionnellement bas sur les marchés. Pour les États-Unis, la dégradation s'est effectuée pour des raisons purement politiques[35]. Enfin, les créanciers

---

35. Désaccord entre les républicains et les démocrates sur les mesures budgétaires à mettre en œuvre dans le cadre du relèvement du plafond de la dette → Le plafond légal s'élève à 16394 milliards de dollars.

considèrent que la France possède les ressources nécessaires pour son redressement économique (voir partie 2-5). D'ailleurs, la multiplication des dégradations dans l'Eurogroupe depuis 2010 a conduit la Commission européenne à envisager de renforcer prochainement le règlement sur les agences de notation pour limiter l'influence de ces dernières sur les marchés financiers.

Vers une mutualisation des dettes?

La crise des dettes souveraines et les risques de spéculation qu'elle fait peser sur l'Union économique et monétaire depuis 2010 ont relancé l'idée de la mutualisation des dettes entre les États membres de la zone euro. Cette mesure fonctionnerait grâce à la mise en place d'euros-obligations, également connus sous le nom « eurobonds ». Les États de l'Eurogroupe émettraient ainsi communément des titres de dette sur les marchés financiers. Les pays les plus faibles de l'UEM pourraient ainsi bénéficier des taux d'intérêt faibles dont jouissent les pays forts de la zone. Le taux d'intérêt moyen auquel emprunteraient les États serait de l'ordre de 5%. Il permettrait de protéger les pays les plus fragiles de la zone euro contre les attaques spéculatives ce qui permettrait de limiter les risques de contagion entre les États au sein de l'union monétaire.

Cependant, l'hypothèse d'une telle mesure est source de division au sein de la zone euro. En effet, la Finlande, les Pays-Bas ou encore l'Allemagne, principal contributeur de l'UEM, refusent de se porter garant au profit d'États dont la discipline budgétaire est remise en cause à l'image des pays méditerranéens. Pourtant, la mise en place des euros-obligations peut paraître légitime dans la mesure où les États membres ont accepté le pacte de discipline budgétaire en inscrivant la fameuse « règle d'or » dans leur constitution. Néanmoins, la mesure ne devrait pas voir le jour avant plusieurs années. Sa mise en place sera conditionnée par l'efficacité des politiques d'assainissement de finances publiques mises en œuvre au sein de la zone euro.

PARTIE 2

LA ZONE EURO EN TROIS ÉTATS

4   Le cas grec

Entrée dans l'union monétaire en 2001, la Grèce connaîtra à partir 2009 une crise économique et sociale sans précédent. En récession, le pays doit alors engager un plan de rigueur drastique pour sauver sa place au sein de la zone euro.

2010 : l'aide internationale

Au mois d'avril 2010, la Grèce, au bord du défaut de paiement, doit recourir une première fois à l'aide internationale pour tenter de rétablir sa situation économique. En effet, le pays bénéficiera d'une aide commune entre le Fonds monétaire international[36] dirigé par Dominique Strauss-Kahn[37], la Banque centrale européenne et la Commission européenne. Les trois institutions se sont ainsi engagées à signer un plan de financement de 110 milliards d'euros pour remettre l'économie grecque sur le droit chemin. Ce plan était composé d'un prêt standard de 30 milliards d'euros du FMI et d'un apport de 80 millions d'euros des pays membres de la zone euro. Ce soutien financier devait répondre à deux objectifs : réduire la dette du

---

36. La crise grecque marque la première intervention du Fonds monétaire international au sein de la zone euro.
37. En raison d'une affaire judiciaire, DSK a démissionné de son poste au FMI en mai 2011 → Remplacé par Christine Lagarde en juin 2011.

pays et relancer la croissance, condition indispensable à la création d'emploi[38].

En contrepartie, le programme économique comprenait un certain nombre de mesures structurelles visant à moderniser l'économie grecque par la maîtrise des dépenses publiques et une réforme en profondeur de son système financier. En outre, les politiques imposées par les deux organisations européennes et le FMI comprenaient des coupes budgétaires, un gel sur trois ans des salaires et des retraites et une augmentation de la fiscalité qui semblait pour le moins inévitable dans un pays où seul un citoyen sur sept paie l'impôt. Cette politique structurelle allait définir les plans d'austérité mis en œuvre par l'Irlande et le Portugal, puis par l'Espagne et l'Italie. Si le programme n'a pas produit les effets escomptés, il aura néanmoins évité une contagion au sein de la zone euro et montrer qu'un plan de relance[39] à court terme restait malgré tout nécessaire lorsque la situation l'exigeait.

L'épreuve de l'austérité

Au-delà de l'importance du prêt accordé à la Grèce, le programme économique prévu pour redresser le pays reste particulier dans la mesure où il s'apparente aux programmes d'ajustements structurels habituellement mis en œuvre par le Fonds monétaire international. Austère, il n'a en

---

38. La Grèce (27%) possède avec l'Espagne (26,1%) le plus fort taux de chômage de la zone euro .
39. Relance keynésienne (voir partie 3-8).

réalité que pour objectif de ramener les comptes publics du pays dans les clous du pacte de stabilité et de croissance. Les mesures envisagées par la troïka[40] devaient ainsi permettre de ramener les 13,6% de déficit grec (2009) sous les 3% du PIB en 2014. Le plan engagé devait également réduire la dette de 115% (2009) à 60% du PIB en 2014. Pour atteindre cet objectif, le programme prévoyait notamment de réduire les salaires et les prestations sociales qui représentaient 75% des dépenses publiques en 2009. Autre sujet fondamental, la compétitivité des entreprises. Dans cette optique, une vague de privatisations (une trentaine) a été envisagée et elle devrait se poursuivre d'ici 2015. D'importantes sociétés grecques comme OTE, numéro un des telecoms grecs dont l'État possède 16% du capital ou encore les ports de Pirée et Salonique, principales infrastructures portuaires du pays et pour lesquelles l'État possède 75% du capital seront définitivement privatisées dans la période 2012-2014.

Jugées « brutales » dans un premier temps en raison de leur caractère drastique, ces mesures d'austérité furent finalement intégrées par les États de la zone euro en récession. En outre, cette politique de rigueur s'inscrit dans le cadre du pacte de stabilité budgétaire, ce qui en fait également un remède efficace contre la spéculation.

---

40. FMI, Union européenne et Commission européenne.

Un avenir économique incertain

Les effets de ce premier soutien financier international auront donc été de courte durée. En 2011, une crise politique est venue s'ajouter à une crise économique et sociale déjà pesante à l'image des mouvements sociaux qui se succèdent dans le pays depuis 2009. Fin 2011, le pays en quasi-faillite oblige les dirigeants de la zone euro à signer un nouveau plan de sauvetage, jusque-là en suspens du fait des réticences allemandes. Un accord qui fut suivi par la démission du Premier ministre grec, le socialiste Georges Papandréou au profit de Loukàs Papadémos[41], indépendant. Mais le dirigeant peine à faire accepter le dernier plan de sauvetage au peuple grec, opposé à de nouvelles mesures d'austérité. Au printemps 2012, les élections législatives confirment la progression des extrêmes et les partis échouent à composer un nouveau gouvernement. Le 17 juin, un gouvernement de coalition[42] sera finalement formé après la victoire du parti conservateur. Antonis Samaras, économiste et président de la Nouvelle Démocratie (ND) devient ainsi le nouveau Premier ministre de la République hellénique.

Au printemps 2012, alors que la dette du pays culmine à 170%[43] du PIB, de nombreuses voix plaident en faveur d'un effacement de la créance devenue quasi insoutenable. Dans cette

---

41. loukàs Papadamos était ancien vice-président de la BCE.
42. Coalition entre la ND (parti conservateur), le PASOK (mouvement socialiste panhellénique) et DIMAR (gauche démocrate).
43. 368 milliards d'euros.

optique, la troïka envisage une restructuration de la dette afin d'alléger le fardeau de la Grèce pour qu'elle s'en sorte. Dans ce cadre, un nouveau plan de sauvetage de 130 milliards d'euros[44] est voté et les créanciers privés acceptent de renoncer à 107 milliards de dettes sur les 206 à rembourser par le pays. En novembre, la dette du pays s'élève à 287 milliards d'euros et les objectifs budgétaires sont révisés. La zone euro accorde un délai de deux ans à la Grèce (2016) pour qu'elle atteigne son objectif de 3% de déficit public et le FMI envisage de ramener la dette du pays à 120% en 2020. Mais l'objectif semble pour le moins optimiste. Malgré le soutien de la communauté internationale, le pays vient de connaître sa sixième année consécutive de récession et le risque de défaut de paiement subsiste. En effet, la charge de la dette[45] reste élevée pour la Grèce et l'absence de croissance limite toute perspective réelle de reprise. Aujourd'hui, seul un effacement total de sa créance permettrait à la Grèce de sortir du marasme économique dans lequel le pays survit depuis 2009. Cela passera notamment par la suppression[46] de la dette de l'Eurogroupe qui représente 70% de la dette grecque.

---

44. Deux tranches de 35,5 Mds et 44 Mds ont été versées en 2012.
45. Intérêts que la Grèce paie pour sa dette (voir partie 1-3).
46. Cette hypothèse a été évoquée par Angela Merkel fin 2012.

5 L'exception française

Principale actrice de la construction européenne, la France doit aujourd'hui relever le défi de la mondialisation. Pour cela, elle devra adopter un nouveau modèle économique pour faire face à la concurrence internationale.

Le déclin économique

Deuxième puissance économique de l'Union européenne derrière l'Allemagne, la France semble sur le déclin économique depuis la mise en circulation de la monnaie unique en 2002. En effet, le pays a vu sa compétitivité[47] se dégrader ces dix dernières années. Le déficit commercial français culmine désormais à 65 millions d'euros tandis que le secteur industriel a subi une perte de 750000 emplois durant la décennie. Depuis 2008, une crise sociale est également venue s'installer dans le sillage de la crise économique. Fin 2012, la France comptait plus de 5 millions de chômeurs[48] avec un modèle d'intégration en échec face à un contexte économique difficile. En 2010, la précarité touchait ainsi 8,6 millions de personnes dans le pays, vivant avec un

---

47. Voir rapport compétitivité-prix (partie 1-2).
48. Le taux de chômage en France s'élevait à 10,6% de la population active en décembre 2012.

revenu inférieur à 964 euros par mois. Plus inquiétant, la France régresse également dans des domaines clés de l'État tel que l'éducation et son système scolaire autrefois exemplaire est maintenant jugé inefficace voir inégalitaire[49]. En difficulté dans une mondialisation grandissante, la France est désormais en ligne de mire des pays émergents qui ne cessent de croître à l'image du Brésil[50], désormais sixième puissance économique de la planète.

Réorientation politique

Au-delà d'une conjoncture défavorable au niveau mondial, les problèmes économiques que connaît actuellement la France traduisent surtout les difficultés du pays à moderniser son économie face à une mondialisation pourtant inévitable. À l'inverse de l'Allemagne qui a su réformer son marché du travail en s'appuyant sur une politique industrielle de choix (voir partie 2-6), la France s'en est pour l'heure toujours tenue aux principes et aux aléas de l'« État-providence ». Une attitude conservatrice qui traduit cependant une différence de culture politique avec son voisin d'Outre-Rhin, plus discipliné. Néanmoins, en dehors de l'Allemagne ou encore du Benelux de culture plutôt libérale, la France se trouve désormais à contresens de la plupart des pays de l'Eurogroupe sur le plan économique à l'image

---

49. Selon l'Éducation nationale, les enfants de cadres sont 2 fois plus diplômés de l'enseignement supérieur que ceux des ouvriers et employés.
50. Fin 2011, le Brésil est devenu la 6ᵉ puissance économique mondiale, profitant d'un taux de croissance de 7,5% au cours de l'année 2010.

de ses voisins du Sud qui ont dû engager à partir de 2010 une série de réformes structurelles sur fond de coupes budgétaires et de privatisations afin de libéraliser leur économie (voir partie 2-4).

Cinquième puissance mondiale, la France reste pour l'heure épargnée par le cycle de récession qui touche ces États, également sujets à de graves crises sociales à l'image des manifestations chroniques que subissent la Grèce et l'Espagne depuis presque trois ans. Mais les voyants économiques du pays sont au rouge. En 2012, le taux de chômage a franchi la barre symbolique des 10% et la dette du pays culmine désormais à 90% du PIB. Arrivé au printemps 2012, le nouveau Gouvernement[51] dispose par conséquent d'un délai très court pour effectuer le virage économique nécessaire au redressement du pays.

Économie : l'heure des choix

Les finances publiques constitueront le principal outil de redressement de l'économie française dans la période à venir. Un domaine dans lequel la France se distingue d'ailleurs de ses partenaires européens. En effet, le niveau de prélèvements obligatoires en France s'établit à 45% du PIB en 2012, ce qui en fait le deuxième pays de l'OCDE le plus taxé derrière le Danemark (48,2%) et le plus imposé de

---

51. Le 6 mai 2012, François Hollande (PS) remporte les élections présidentielles en battant Nicolas Sarkozy (UMP) au 2ᵉ tour (51,6% - 48,4%).

l'Eurogroupe. Le constat est identique pour les dépenses de fonctionnement où avec un taux de 56,2% du PIB, la France occupe la seconde place de la zone euro derrière l'Irlande (67%). Le virage économique est donc nécessaire et devra s'inscrire dans le sens des orientations politiques prises par Bruxelles qui encouragent les pays de l'Union économique et monétaire à un abandon de souveraineté au profit d'une Europe fédéraliste (voir la partie 5-12).

Les mesures que la France devra mettre en œuvre auront donc vocation à réduire le poids de l'État dans l'économie avec le souci de favoriser la production et l'emploi. L'objectif consistera donc à réduire la part du secteur non marchand dans l'économie[52] tout en menant une politique favorable à la productivité et à l'investissement, dans le respect des règles du pacte de stabilité budgétaire.

Les choix seront donc difficiles pour l'État qui devra trouver un équilibre entre politiques conjoncturelles et réformes structurelles. Malgré tout, les mesures les plus importantes devront s'inscrire sur la durée et contribueront à une modification durable de l'appareil productif du pays. Dans cette optique, les politiques relatives au coût du travail et aux dépenses publiques s'avèrent essentielles dans la mesure où elles touchent directement à la production et à l'emploi.

---

52. Le secteur non marchand représente 20% du PIB français, l'éducation et la santé représentant à elles seules 12%.

Depuis quelques années, le coût du travail est sujet à de nombreuses critiques du patronat français[53] qui le juge, dans l'ensemble, trop élevé. En France, le coût du travail oscille entre 21€ et 49€ de l'heure. À titre indicatif, un employé du secteur hôtellerie-restauration coûtera deux fois moins cher qu'un cadre du secteur tertiaire. En France, le coût moyen d'un salarié s'élève à 50850€[54] par an pour l'employeur soit un coût horaire moyen de 35,93€ tous secteurs confondus (Tab.5). Dans ce domaine, la France figure à la seconde place de la zone euro derrière la Belgique (41,31€), mais le coût moyen du pays reste supérieur à celui de la zone (29,66€).

Tableau 5. Coût horaire de la main d'oeuvre en France en 2012 (€)

Secteurs	Coût horaire
Industries manufacturières	36,58 €
Industries et secteurs marchands	35,28 €
Coût horaire moyen total	35,93 €

Entreprises de 10 salariés et plus.
Source : Eurostat.

Une baisse des charges relatives au travail en France peut donc se justifier compte tenu de l'augmentation continue du chômage dans le

---

53. CGPME et MEDEF
54. Montant rapporté aux heures effectivement travaillées dans l'année, hors congés payés et absences (Insee_2008).

pays depuis deux ans. Cependant, quelle serait l'efficacité réelle d'une telle mesure? Si on admet une baisse de 1€ du coût horaire moyen de la main-d'œuvre en France, les employeurs pourraient bénéficier d'un gain supplémentaire de 151,67€[55] par mois pour un salarié. Derrière cette marge, la mesure présente de nombreux avantages. Globalement, un allègement de charges sociales s'inscrit dans une politique active d'emploi. L'impact psychologique d'une baisse générale du coût du travail sera positif auprès des employeurs qui seront davantage incités à embaucher. Elle permettra également de protéger les emplois nationaux en limitant les délocalisations d'entreprises françaises dans les pays d'Europe ou d'Asie[56] où le coût de la main-d'œuvre est particulièrement faible. Enfin, les économies réalisées augmenteront à terme la capacité d'investissement des entreprises, ce qui en fait également un levier de compétitivité.

La baisse des dépenses publiques constitue un enjeu important dans le redressement des comptes publics du pays. En 2012, les dépenses de l'État en France s'évaluaient à 56% du PIB. À titre de comparaison, ces dépenses représentent 48% du PIB en Allemagne où la population est autrement plus importante. Dans la mesure où un point de PIB équivaut à 20 milliards d'euros, les marges en matière d'économie à réaliser dans ce domaine restent élevées.

---

55. (35,93*151,67) - (34,93*151,67) = 151,67€ → Durée légale du travail en France : 151,67h (35*52/12).
56. Référence à la Roumanie et la Bulgarie où le coût horaire de la main-d'oeuvre est particulièrement faible (< 5 €) et aux pays émergents (NPI).

Créé en 1945, le système de protection sociale français est depuis plusieurs années remis en cause sur son efficacité. En 2012, le déficit de la sécurité sociale du pays s'élevait ainsi à 13,3 milliards d'euros. Le climat économique dégradé a entraîné une hausse importante des dépenses relatives aux minima sociaux et aux indemnités de chômage tandis que le vieillissement[57] de la population contribue à augmenter les dépenses de santé. Dans le même temps, les recettes ont tendance à baisser du fait de la diminution de la population active occupée d'où génèrent principalement les revenus de solidarité. Des solutions pourront néanmoins permettre de réduire ce déficit de sécurité sociale par l'augmentation des recettes et la diminution des prestations sociales. Dans cette optique, une hausse de la CSG[58] semble souhaitable dans la mesure où elle rapporterait des recettes supplémentaires à l'État. Les pouvoirs publics devront également poursuivre les politiques de déremboursement de certains médicaments en privilégiant les remèdes de première nécessité (ex. antiseptiques, paracétamol...), tout en favorisant le développement et l'introduction des médicaments génériques[59] sur le marché.

La réduction des dépenses de l'État entraîne mécaniquement une diminution des effectifs de fonction publique. Aujourd'hui, les évolutions technologiques s'appliquent autant au secteur non marchand qu'au secteur marchand

---

57. En 2012, 1 Français sur 10 ans était âgé de 75 ans ou plus (Insee).
58. Il s'agirait de relever les taux de CSG non déductible (2,90%) et déductible (5,10%) calculés sur les 97% du salaire brut.
59. Médicament dont la formule est tombée dans le domaine public.

et conduisent naturellement à des suppressions d'emplois. En ce début de 21ᵉ siècle, les progrès techniques s'attellent en effet à tous les domaines de l'État. Qu'il s'agisse des bornes libre-service (SNCF), télédéclarations d'impôts, radars autoroutiers ou caméras de surveillance, on assiste à une substitution du capital au travail dans laquelle l'outil informatique a pris le pas sur la main-d'œuvre humaine, symbole d'une société de capitalisation dans laquelle « la machine remplace l'homme ». Si ces réductions d'effectifs sont souvent jugées négatives du fait qu'elles remettent en cause la notion de service public, elles se justifient néanmoins dans la mesure où elles rentrent dans le cadre de la modernisation du pays. Aujourd'hui, l'utilisation d'équipements plus complexes demande en effet plus de qualification et de polyvalence aux salariés et la recherche d'un rendement optimal contribue à rendre les services publics plus performants. Par ailleurs, la fonction publique recourt aujourd'hui de plus en plus aux métiers d'ingénieurs et d'informaticiens[60] pour faire face aux évolutions technologiques de la société moderne.

Aujourd'hui, si la présence humaine reste indispensable dans des secteurs tels que la santé, le social ou encore de l'Éducation nationale, ces derniers ne devraient pas échapper aux avancées technologiques et à la bulle internet. Prévue pour 2017, l'école numérique devrait ainsi faire la part belle aux outils du web ce qui laisse à

---

60. Actuellement, la fonction publique française emploie entre 30000 à 40000 informaticiens. Les effectifs se sont particulièrement accrus à partir des années 2000 pendant la « bulle informatique ».

présager des effectifs plus réduits dans le futur pour le système éducatif français[61]...

En dehors de ces deux sujets essentiels, chaque gouvernement appliquera sa politique économique en fonction de ses priorités tout en prenant acte des indicateurs macroéconomiques du pays qui devront lui servir d'outil de pilotage. Bien que la conjoncture économique soit pour l'heure défavorable sur le plan européen, des solutions pour remédier à la crise restent néanmoins possibles. Elles permettront à l'État de maintenir une stabilité économique dans le pays en créant les conditions d'une reprise qui se fait attendre au niveau mondial...

La France devra ainsi s'atteler à protéger le pouvoir d'achat de ses ménages en soutenant la consommation qui génère 60% de la croissance du pays. Pour cela, elle pourra limiter l'épargne des agents économiques en baissant le taux du livret A ou encore accorder des dégrèvements fiscaux aux entreprises commerciales (grande distribution) qui acceptent de stabiliser leurs prix.

La lutte contre les inégalités devra faire l'objet d'une attention particulière. Selon l'INSEE, les inégalités de patrimoine se sont accrues de 30% depuis 2005. En 2010, 10% des Français les plus riches possédaient ainsi 50% du patrimoine français. Une augmentation des droits de succession semble nécessaire d'autant que les baisses précédentes de l'impôt sont à

---

61. L'école numérique prévoit la formation des enseignants aux outils du numérique, l'accès gratuit à des contenus pédagogiques pour les élèves ainsi que la dématérialisation des inscriptions.

l'origine de ces inégalités. Un rapprochement[62] entre les minima sociaux (RSA) et les bas salaires (SMIC) devrait également permettre de réduire quelque peu les inégalités de revenus.

Pour renforcer la compétitivité, l'État pourra accorder des subventions aux entreprises souhaitant innover dans un nouveau produit. En 2012, le crédit d'impôt compétitivité emploi[63] a été conçu pour répondre à cet objectif.

Le pays devra également maintenir un taux d'activité élevé[64]. La formation professionnelle pourrait ainsi être privilégiée au détriment des études longues. Le report de l'âge de la retraite (>62 ans) s'inscrit dans une logique d'allongement de la durée de vie et le temps de travail devra être adapté à chaque entreprise après négociations entre partenaires sociaux.

Enfin, une vaste réforme bancaire devrait voir le jour. Elle viendra renforcer l'encadrement des crédits[65] tandis que les activités de crédit et celles des opérations spéculatives feront l'objet d'une séparation.

Euroscepticisme

Depuis les années 2000, la France semble confrontée aux réticences de sa population, fortement divisée sur la question de l'Europe politique. En effet, le pays est le seul État de la zone euro avec les Pays-Bas à avoir refusé la

---

62. Augmentation du RSA (483€) et baisse du SMIC (1425,67€).
63. Crédit d'impôt de 20 Mds d'€ accordé aux entreprises.
64. Le taux d'activité des 15-64 ans en France est de 71% (2012_BIT).
65. La loi Lagarde limite la durée des crédits renouvelables à 3 ou 5 ans.

ratification du traité constitutionnel en 2005. Le référendum relatif au projet de constitution européenne avait ainsi révélé la désapprobation de près de 55% des citoyens français sur le sujet[66]. Plus largement, ce sont les principes mêmes de la mondialisation qui sont remis en cause au sein du pays, comme en témoigne la montée des partis extrémistes[67] au cours de la dernière présidentielle. Les Français semblent clairement hostiles à une perte de souveraineté qui viendrait bousculer un « État-providence » jusque-là dominateur. De plus, un sentiment de déception s'est installé dans le pays depuis 1992 après les promesses du traité sur l'UE en matière de progrès économique et social.

Pourtant, le chemin vers l'Europe fédérale apparaît inévitable. L'intégration européenne devrait s'effectuer étape par étape. Elle suivra l'évolution des mentalités et s'accompagnera de la pédagogie adéquate. D'ici 2020, l'intégration sociale et sociétale devrait ainsi succéder progressivement à l'intégration économique et budgétaire.

---

66. Le « non » l'a emporté avec 54,67% des voix pour un taux de participation de 70%.
67. Le Front Nationale et le Parti de Gauche ont recueilli dans l'ordre 18% et 11% des suffrages soit environ 10 millions d'électeurs (1ᵉ tour).

6   Le modèle allemand

Après une réunification difficile, l'Allemagne est parvenue à développer un modèle économique aujourd'hui mondialement reconnu dans lequel le pays a su associer politique industrielle et marché du travail...

Première puissance de l'UE

Au prix d'une réunification coûteuse[68], l'Allemagne a maintenu son rang de première nation à l'échelle européenne. Aujourd'hui, le pays forme avec la France l'axe franco-allemand, moteur économique et politique du continent européen. Principal actionnaire de la zone euro et de l'Union européenne, l'Allemagne bénéficie de ce fait d'un véto sur les décisions politiques de la zone euro. Aujourd'hui, les principales mesures économiques de l'Eurogroupe sont en effet étudiées et validées par les cinq sages allemands[69] avant d'être appliquées à l'Union économique et monétaire, de même que les aides financières et les budgets européens feront l'objet d'un vote par le Bundestag (parlement

---

68. Le coût de la réunification s'est élevé à 500 Mds de Deutsche Mark pour la République Fédérale Allemande.
69. Conseil allemand des experts économiques.

allemand) pour leur approbation à l'échelle de l'UE.

Avec un taux de croissance moyen supérieur à 2,5% depuis 2010, l'Allemagne joue le rôle de locomotive de la zone euro dans un contexte économique défavorable. Le pays a su en particulier profiter de son modèle industriel pour opérer un rebond économique à partir de 2010[70]. Un atout qui lui permet de tirer son épingle du jeu dans les opérations de commerce extérieur. En 2012, un tiers des exportations de la zone euro était ainsi réalisé par l'Allemagne[71]. Avec une balance commerciale positive depuis 2002, le pays semble également bénéficier de la politique monétaire de la BCE qui privilégie l'euro fort (voir partie 1-2) et ses excédents commerciaux lui permettent de financer sa dette publique. Aujourd'hui, l'Allemagne est le plus grand exportateur mondial de biens et de services devant les USA et la Chine. En 2010, le pays avait ainsi exporté 951 milliards d'euros de biens avec le reste du monde...

Cependant, l'Allemagne du fait de son statut de première puissance économique de l'UE et de l'UEM est sujette à de nombreuses critiques. Ses détracteurs lui reprochent en particulier d'exercer une influence trop grande dans la politique économique de la zone euro. Les attaques les plus vives proviennent des classes sociales-démocrates, pro-keynésiennes ou encore marxistes qui reprochent à l'Outre-

---

70. Après avoir reculé de 5,1% en 2009, la croissance allemande a bondi de 4,2% en 2010.
71. L'Allemagne représente 38 % des exportations de la zone euro.

Rhin de vouloir imposer une politique ultralibérale à l'ensemble de l'Union européenne. On accuse notamment le pays de privilégier une politique de restrictions budgétaires au sein de l'UEM au détriment d'une relance économique de court terme (voir partie 3-8). De plus, l'Allemagne reste également opposée aux eurobonds et à un élargissement du rôle de la BCE dans le financement des États membres (voir partie 1-2), pourtant réclamé par la majorité des États de l'Eurogroupe. Enfin, certains reprochent à la BCE de pratiquer une politique monétaire basée sur le Mark qui, selon eux, favorise l'Allemagne dans ses exportations.

Un modèle industriel

Depuis la fin de la Seconde Guerre mondiale, la politique industrielle allemande s'affirme comme la véritable force économique du pays. Aujourd'hui, l'industrie allemande dispose d'une forte capacité concurrentielle à l'échelle mondiale qui fait actuellement défaut à l'économie française. Une réussite qui peut s'expliquer par des facteurs autant économiques qu'historiques. En effet, l'industrie du pays est spécialisée dans des produits historiques de qualité pour lesquels le savoir-faire allemand est particulièrement reconnu. L'Allemagne peut ainsi compter sur un potentiel exceptionnel dans les domaines de l'automobile, de l'électroménager ou encore des machines-outils dans lesquels des entreprises aussi réputées que Volkvswagen, Bosch ou encore Gildemeister font partie des tout premiers leaders mondiaux dans leurs marchés respectifs.

La réussite du groupe automobile Volkswagen[72] en particulier témoigne de l'efficacité des réformes structurelles mise en œuvre par le pays au début des années 2000 (voir l'agenda 2010). Deuxième constructeur automobile mondial derrière Général Motors, l'entreprise appuie sa stratégie sur trois piliers de production essentiels à la compétitivité : qualité, flexibilité et productivité. La firme profite ainsi de sa réputation et de la force de sa marque pour vendre des véhicules haut de gamme Audi ou Skoda à des prix plus élevés que ses concurrents. La flexibilité est également l'un des principaux atouts du groupe. Grâce à une politique de différenciation retardée[73] basée sur des ateliers flexibles[74] et une standardisation massive qui attribue une motorisation identique à chaque voiture, la société peut ainsi fabriquer différentes gammes de véhicules tout en reconduisant les pièces non utilisées. Enfin, sa politique de coûts faibles permet à Volkswagen de faire face à la concurrence internationale. En dehors de salaires faibles, le groupe qui réalise 50% de sa production hors Europe peut également rentabiliser sur la production de ses véhicules. La firme peut ainsi vendre au même

---

72. Le groupe comprend les marques Volkswagen, Audi, Seat, Skoda.
73. Méthode qui consiste à standardiser les produits en début de chaîne de production et les différencier en bout de chaîne.
74. Plateformes industrielles.

prix qu'en Europe les voitures qu'elle produit en Chine. Dans une période où le secteur automobile est touché de plein fouet par la crise économique à l'image du marché européen qui a reculé de 2% en 2011, Volkswagen semble tirer profit de sa stratégie de coûts faibles et de délocalisations. En 2011, le groupe allemand a réalisé un bénéfice record de 15,4 milliards d'euros (Tab.6), avec 8,3 millions de véhicules vendus sur l'ensemble de l'année.

Tableau 6. Profits des principaux constructeurs automobiles mondiaux en milliards d'euros (2011)

	Volkswagen	Ford	GM	Renault	PSA	Fiat	Dailmer
Profits	15,4	7,8	5,8	2,14	0,6	1,7	6

Cependant, Volkswagen n'est pas la seule société d'Outre-Rhin à tirer profit des réformes de l'agenda 2010. En effet, les bénéfices réalisés par Dailmer (voir tab.6) confirment l'hégémonie de l'industrie allemande sur le marché mondial de l'automobile. Aujourd'hui, nul doute que Volkswagen pourrait ravir la place de leader mondial de l'automobile à General Motors dans les années à venir, d'autant que la société a déjà dû recourir à l'aide du gouvernement américain au cours de l'année 2009.

Rentable et flexible, l'industrie allemande représente par conséquent un véritable bassin d'emplois dans le pays. Aujourd'hui, le secteur industriel emploie 33% de la population active allemande et contribue à la bonne santé du marché du travail Outre-Rhin, où le taux de chômage est particulièrement faible (5,3%). En 2012, de grands groupes industriels allemands tels que Volkswagen ont ainsi procédé à l'embauche de milliers de personnes, contrastant ainsi avec les plans de restructuration qui se succèdent dans les groupes industriels français depuis quelques années.

L'agenda 2010

En dehors d'un modèle industriel performant à l'échelle mondiale, l'Allemagne doit avant tout sa réussite économique aux réformes structurelles mises en place par l'ex-chancelier Gerhard Schröder (SPD). En 2003, année où le pays faisait figure « d'enfant malade de l'Europe »[75], le chancelier avait engagé une série de mesures destinées à moderniser une économie allemande en récession. À caractère libéral, ces mesures devaient permettre de réformer le marché du travail et l'assurance sociale du pays, dans une politique également destinée à assainir les finances publiques de l'État. Ce programme de type structurel prit ainsi le nom « d'agenda 2010 », date à laquelle il devait produire ses effets positifs sur l'économie allemande.

 Les lois relatives au marché du travail occupèrent une part essentielle du programme, d'autant que le taux de chômage allemand

---

75. En 2003, l'Allemagne rentrait en récession avec un PIB en recul de 0,1%. Dans le même temps, le nombre de chômeurs dans le pays dépassait les 4 millions pour atteindre 10% de la population active.

atteignait la barre des 10% au moment de sa mise en place. Elles furent instiguées par Peter Hartz, directeur des ressources humaines de Volkswagen, d'où leur appellation de « lois Hartz » (Tab.7).

Tableau 7. Principales réformes des Lois Hartz

Hartz 1	Simplification des procédures d'embauche. Incitation aux formations professionnelles.
Hartz 2	Contrats Minijob (précaires / court termes / moins taxés) et Midijob (400€ ≤ salaire ≤ 800€). Incitation à la création d'entreprise.
Hartz 3	Restructuration entre l'agence fédérale du travail et les caisses sociales.
Hartz 4	Alg I. Durée des indemnités de chômage = 12 ou 18 mois (+55 ans)[76]. Alg II. Allocations versées aux chômeurs de longue Durée (> 12 ou 18 mois)[77] = 364€ par mois.

Ces réformes avaient pour objectif de déréglementer le marché du travail Outre-Rhin en donnant priorité à la lutte contre le chômage volontaire et en facilitant le retour à l'emploi des bénéficiaires d'allocations. Les mesures portaient principalement sur la flexibilité des contrats, l'assouplissement du droit du travail ainsi que la réorganisation des structures relatives à l'emploi et aux services sociaux (voir tab.7).

---

76. Arbeitslosengeld (ou allocations chômage) I (Alg I).
77. Arbeitslosengeld (ou allocations chômage) II (Alg II).

Enfin, une vaste réforme des retraites fut mise en place pour faire face au vieillissement de la population allemande[78]. L'âge de la durée du travail sera ainsi progressivement porté de 63 à 67 ans jusqu'en 2017 et sera accompagné d'un relèvement des cotisations d'assurance maladie.

Néanmoins, si l'agenda 2010 a permis de redresser l'économie allemande, il fut lourd de conséquences sur le plan politique. Mises en œuvre entre 2003 et 2005, les propositions sont dans un premier temps mal accueillies par une majeure partie de la population et des syndicats. Particulièrement contestée, la loi Hartz 4 (voir tab.7) est l'objet de nombreuses manifestations au cours de l'année 2004. Le coût fut élevé pour Gerhard Schröder qui perdit sa place de chancelier au profit d'Angela Merkel (CDU/CSU) après la défaite du Parti Social-Démocrate allemand aux élections fédérales de 2005[79]. Enfin, la tournure libérale du programme s'est accompagnée d'effets pervers sur le plan économique. La baisse du chômage s'est effectuée au détriment de l'augmentation des inégalités et de la pauvreté qui touche désormais 16% de la population allemande.

---

78. En 2030, ¼ de la population active allemande sera âgé de plus de 55 ans et le pays devrait compter 8 millions d'actifs en moins (prévisions).
79. L'Union chrétienne-démocrate d'Allemagne et l'Union chrétienne-sociale en Bavière ont remporté l'élection avec 35,2% des suffrages.

PARTIE 3

POLITIQUE ÉCONOMIQUE DE L'UE

7 Construction de l'Europe économique et monétaire

Depuis 1945, la construction européenne s'est effectuée au même rythme de la conjoncture internationale, tout en s'adaptant aux évolutions de l'économie mondiale. Elle aboutira à l'Union économique puis monétaire du continent...

De la CECA au marché unique

L'année 1950 constitue un tournant majeur dans l'histoire de la construction européenne. La Communauté européenne du charbon et de l'acier (CECA) initiée par Jean Monnet[80] est créée puis signée dès l'année suivante par six pays européens : l'Allemagne Fédérale, la France, l'Italie, le Luxembourg, les Pays-Bas et la Belgique. La signature des traités de Rome[81] en 1957 marque les véritables débuts de la construction européenne en posant les bases de l'Europe économique. Sans incidence immédiate sur l'économie européenne, ces deux avancées constituent néanmoins la première étape vers l'union économique de l'Europe. Parallèlement à ces événements, l'économie mondiale a

---

80. Commissaire général au plan de la mise en commun des productions de charbon et d'acier (déclaration de Robert Schuman, mai 1950).
81. Signature de la Communauté économique européenne (CEE) et de la Communauté européenne de l'énergie atomique (CEEA).

poursuivi sa reprise après la récession qui a suivi le krach boursier de 1929[82].

La fin de la Seconde Guerre mondiale marque ainsi le début des « Trente glorieuses » avec l'adoption de politiques keynésiennes qui contribuent à l'élévation du niveau de vie dans les pays développés. Ce sont pour l'essentiel des économies d'endettement basées sur la demande des agents économiques et sur une organisation scientifique du travail (taylorisme)[83]. Cette période de consommation de masse est marquée par la forte hausse du pouvoir d'achat (+ 5% par an en France) et par une modernisation de la société avec l'arrivée massive des femmes sur le marché du travail et l'urbanisation. Le système de change fixe[84] instauré par les accords de Bretton Woods en 1944 semble maintenir la stabilité monétaire mondiale autour du dollar. Dans la foulée des traités de Rome, l'Europe a poursuivi ses évolutions économiques. En 1962, la politique agricole commune (PAC) est mise en place avec l'objectif d'assurer l'indépendance alimentaire du continent européen. Elle fut suivie quelques années plus tard (1968) par l'union douanière qui permet de définir les frontières économiques de la CEE.

Cependant, la conjoncture économique internationale se dégrade à partir des années 70. Les deux chocs pétroliers de la décennie (73-79) se traduisent par une hausse de l'inflation et un

---

82. « Black Tuesday » et « Black Thursday ».
83. Division technique et sociale du travail → Parcellisation des tâches.
84. Les États fixaient une parité fixe de leur monnaie en or ou en dollar (fluctuation de + ou - 1%) → Système de change « étalon-or ».

ralentissement de l'activité économique. Dans le même temps, les stocks d'or n'augmentent plus et les États-Unis abandonneront le système de change étalon-or en 1971. La création du Système monétaire européen (SME) en 1979 marque le début de l'ère monétaire européenne. L'écu[85] devient ainsi l'unité de compte virtuelle des devises des douze pays de la CEE et d'instrument de réserve et de transactions entre les banques.

La fin des années 70 sera marquée par le passage au financement direct de l'économie mondiale. En effet, un système capitaliste se développe dans les pays industrialisés. Orchestré par Ronald Reagan (États-Unis) et Margaret Tchatcher (Royaume-Uni), il symbolisera la domination des grandes puissances mondiales au cours des années 80. Fondée sur les grands principes de « l'État gendarme », cette politique aboutira à la déréglementation progressive des marchés de capitaux et à un système de change flottant[86].

Le virage capitaliste opéré par l'économie mondiale ne laisse pas l'Europe indifférente. Le continent devra aussi s'adapter à la nouvelle donne économique. En outre, la France qui avait adopté une relance keynésienne et une politique de désinflation compétitive en 1981 devra bientôt se soumettre au courant libéral qui se développe dans les pays industrialisés.

---

85. Mécanisme de change stable et ajustable. Chaque pays avait un cours « pivot » en écu (fluctuation de + ou – 0,25%).
86. Instauré par les accords de la Jamaïque en 1976 → Les taux de change sont fixés par la loi de l'offre et de la demande.

La signature des accords de Schengen[87] en 1985 et celle de l'acte unique européen[88] l'année suivante marquent le véritable début de l'Europe libérale. Les prérogatives de la CEE seront ainsi élargies pour réaliser, jusqu'en 1992, un marché intérieur au niveau européen. On assiste durant cette période à la mise en place d'une économie de marché au sein du continent européen. Les mesures porteront ainsi sur la libre circulation des marchandises et des services (Bokelstein), sur l'harmonisation des normes techniques et environnementales (Ex. logo CE), la libéralisation des mouvements de capitaux et la suppression des barrières douanières. L'impact de cette politique sur le marché du travail européen sera réel. Le marché unique aura en effet permis la création 15 millions d'emplois en huit ans au sein de la CEE qui en avait perdu deux millions entre 1982 et 1984.

Du marché unique à aujourd'hui

Le traité de Maastricht, entériné en 1992, constituera une étape décisive dans la mise en place de l'Union économique et monétaire. La CEE devient l'Union européenne (UE12)[89]. Elle réunit les traités déjà existants et la coopération s'étend désormais à la politique étrangère et la sécurité (PESC), à la justice et aux affaires intérieures (JAI). Le traité pose également les bases de l'union monétaire en définissant les

87. Libre franchissement des frontières par tous les ressortissants des États membres et libre circulation des marchandises et des services.
88. Le marché unique entrera en vigueur le 1er janvier 1993.
89. Voir les évolutions de l'Europe (partie 4-10).

critères de convergence (voir partie 1-1). En 1999, l'euro devint ainsi la monnaie de onze pays européens et les premiers billets entreront en circulation le 1ᵉʳ janvier 2002.

Toutefois, malgré ces nombreuses avancées sur le plan économique, l'Europe ne parvient pas à franchir le cap de l'union politique[90]. Adopté par tous les chefs d'État de l'Union européenne en 2004, le projet de constitution européenne se heurte à l'euroscepticisme et les référendums en France et aux Pays-Bas dans le cadre de la ratification du traité constitutionnel se termineront par un échec. Les peuples semblent en effet réticents à une perte de souveraineté et une ouverture plus large des frontières au sein de l'UE. De plus, beaucoup n'ont pas intégré les enjeux d'un renforcement des institutions politiques de l'Europe dans le cadre de la mondialisation. En 2007, le traité de Lisbonne[91] sera malgré tout ratifié par voie parlementaire. Pendant ce temps, le spectre de la crise pèse sur le continent européen. Aux États-Unis, la « bulle immobilière » explose et commence à produire des effets néfastes sur l'économie mondiale. Après une année de récession (2009), la zone euro suit une phase de reprise difficile avant de connaître une accalmie fin 2012. Malgré dix années de monnaie commune, le bilan économique reste donc plus que mitigé pour les États membres de la zone euro.

---

90. Voir les institutions européennes (partie 5-12).
91. Traité simplifié pour modifier ceux déjà existants.

Fin 2012, les chantiers relatifs à l'Europe fédérale ont par conséquent été relancés. Si de nombreux efforts ont été réalisés en matière de coopération économique avec notamment le renforcement du pacte de discipline budgétaire, les mesures relatives à la réforme des institutions européennes restent pour l'heure insuffisantes. Elles constitueront pourtant un enjeu majeur pour l'avenir politique du continent européen...

8 Politique de croissance et rôle de l'État

La crise des dettes souveraines aura rebattu les cartes de la politique économique au sein de la zone euro. Remis en cause, l'État-providence devrait ainsi s'effacer au profit de politiques plus adaptées aux institutions de l'UE...

Quelle place pour le keynésianisme?

Bien que réalisables, les perspectives de relance keynésienne au sein de la zone euro demeurent en réalité plus que restreintes. Aujourd'hui, le keynésianisme est un courant qui s'oppose naturellement aux fondamentaux économiques de la zone euro. Les critères de convergence (voir partie 1-1) imposés par Maastricht ont en effet conduit à une réduction du poids des États dans les économies nationales. Ils s'inscrivent en réalité dans une logique de mondialisation dans laquelle un décalage subsiste entre les économies interdépendantes et les gouvernements dont la marge de manœuvre s'en trouve par conséquent réduite.

Dans le modèle économique qu'il défend, John Maynard Keynes préconise de mener des politiques de relance en acceptant un déficit budgétaire important tout en baissant les taux d'intérêt afin de stimuler la demande des agents économiques[92]. Si cette politique reste possible pour un pays de l'UE hors Eurogroupe, elle apparaît aujourd'hui inenvisageable au sein de l'Union économique et monétaire compte tenu du taux d'endettement actuel de la zone euro qui culmine à 90% du PIB. Les dettes des États membres de l'UEM seraient fortement exposées aux attaques spéculatives des marchés financiers pour le non-respect des règles du PSC qui régissent la stabilité budgétaire de l'UEM, et en raison de la fragilité économique de la zone euro dont les perspectives de croissance pour 2013 sont inférieures à 1%, voir négatives. De plus, il s'agit d'une politique économique de court terme ou «conjoncturelle», en contraste avec le développement économique de l'Europe qui semble s'inscrire sur la durée.

Cependant, en dehors des contraintes liées au PSC, les relances keynésiennes mises en place ces dernières années à l'échelle de l'UE se sont avérées inefficaces, justifiant ainsi la complexité des politiques interventionnistes au sein d'une zone régionale comme l'Union économique et monétaire. Entre autres, l'enveloppe de 200 milliards d'euros[93] débloquée par la Commission européenne au cours de l'automne 2008 n'aura

---

92. Théorie qu'il défend dans son ouvrage « Théorie générale de l'emploi et de l'intérêt de la monnaie » (1936).
93. L'objectif de ce plan était de redynamiser la demande en injectant de l'argent public dans les établissements financiers ménacés d'insolvabilité.

fait que retarder la crise des dettes souveraines qui touche la zone euro depuis 2009[94]. Le résultat fut similaire pour le plan de relance de 26 milliards d'euros mis en œuvre par le gouvernement français en 2009. Après une chute de 2,5% au cours de la même année, la croissance française rebondira de 1,5% en 2010, stagnera l'année suivante avant de finir à 0 en 2012.

Enfin, les pays de l'UEM ne disposent d'aucun pouvoir sur le plan monétaire dans la mesure où c'est la BCE, indépendante des États membres, qui gère la politique monétaire de la zone euro. De ce fait, les États restent totalement étrangers aux décisions de la Banque centrale européenne relatives à l'ajustement des taux d'intérêt directeurs ou du taux de change de la monnaie unique. On constatera par ailleurs que les baisses successives des taux d'intérêt directeurs engagées par la BCE depuis 2009 n'ont pour l'heure pas permis de relancer l'activité économique en zone euro. En effet, le taux de croissance négatif de l'UEM en 2012 (-0,6%) coïncide avec le taux d'investissement particulièrement faible des entreprises de la zone ($\approx$20%) la même année. On constatera également qu'en alourdissant la facture de la BCE, ces ajustements remettent en cause la théorie de Keynes qui encourage la baisse des taux d'intérêt. En revanche, une dépréciation de

---

94. Le plan de relance de la Commission européenne a favorisé la hausse des dettes et des déficits publics.

la monnaie unique par rapport au dollar semble profiter aux exportations de la zone euro.

Les remèdes pour stimuler la croissance

Aujourd'hui, les seules possibilités de réaliser une relance de type keynésienne au sein de la zone euro résident dans les différents budgets européens (voir annexes). En outre, le pacte de croissance de 120 milliards d'euros adopté par l'Union européenne au cours de l'année 2012 se compose de 60 milliards provenant de la Banque européenne d'investissement, de 55 milliards des fonds structurels européens[95] et de 5 milliards des project bonds. Ces outils consisteraient, pour les pays de l'UE27, à émettre des emprunts communs sur les marchés de capitaux pour le financement de grands projets d'infrastructure continentaux, notamment dans les domaines du transport, de l'énergie ou encore de l'économie numérique. Néanmoins, ce pacte de croissance qui ne représente que 1% du budget européen devrait avoir un impact limité sur l'économie de la zone euro.

Dans un registre identique, les eurobonds pourront également permettre de relancer l'activité économique au sein de l'UEM. En effet, un taux unique d'emprunt (voir partie 1-3) constituerait un levier de croissance en allégeant la charge de la dette de pays comme le Portugal

---

95. Les Fonds structurels européens s'inscrivent dans une politique de cohésion au niveau de l'Union européenne. Ils se composent du Fonds européens de développement régional (FEDER), du Fonds social européen (FSE) et du Fonds de cohésion.

ou la Grèce qui empruntent sur les marchés financiers à des taux plus élevés (≥7%) que leurs partenaires européens.

Principales sources de financement des États de la zone euro, les banques devront par conséquent faire l'objet d'un soutien financier important de la part des institutions de l'UE. Le Mécanisme européen de stabilité qui prendra effet au cours de l'année 2013 est prévu pour répondre à cet objectif. Issu de la fusion du FESF et du MESF[96], le MES aura pour mission de recapitaliser les banques de la zone euro en difficultés et dont la faillite pourrait provoquer un effondrement du système financier de l'UE. La BCE peut également alimenter directement les établissements financiers par l'injection de liquidités[97]. La création massive de monnaie par la banque centrale entraînerait mécaniquement une dépréciation de l'euro qui favoriserait les exportations de l'UEM. Elle constituerait de ce fait un moteur de croissance pour la zone euro.

Enfin, la dernière solution reposerait sur le recours à une politique de l'offre et sur une vaste réforme du marché du travail européen dans un modèle semblable à l'agenda 2010 et aux lois Hartz (voir partie 2-6). Un modèle économique qui se justifie d'autant que le taux de chômage de la zone euro devrait franchir la barre des 12% au cours de l'année 2013...

---

96. Mécanisme européen de stabilité financière. Le MESF dispose d'une capacité de financement de 60 milliards d'euros.
97. La BCE a injecté plus de 1000 milliards d'euros dans le système bancaire européen au cours du premier semestre 2012.

9 Économie libérale et modernisation

La construction européenne a contribué à faire évoluer la politique économique de l'UEM. En effet, le marché unique impose désormais le recours une économie de l'offre pour faire face à la concurrence étrangère.

Les arguments d'un recours à l'offre

Le recours à une politique de l'offre apparaît à terme inéluctable pour l'Union économique et monétaire. En effet, à travers la crise des dettes souveraines, de nombreux arguments penchent en faveur d'une approche plus libérale de l'économie de la zone euro. L'échec de l'État-providence qui contraste avec l'hégémonie des pays de la zone euro ayant adopté une économie de marché permet entre autres de justifier une réorientation politique de l'Eurogroupe vers les thèses néo-classiques. Aujourd'hui, le déficit du système de sécurité sociale français, le laxisme de l'administration fiscale en Grèce ou encore la réussite du modèle industriel allemand suffisent à démontrer la nécessité de tourner l'économie de l'UEM vers la productivité et la compétitivité, dans un modèle politique où l'État devra jouer un rôle de second plan.

Au-delà des dérives budgétaires qui ont marqué la première décennie de monnaie unique, les indicateurs macroéconomiques de la zone euro semblent également converger dans le sens d'un déficit global de production au niveau de l'UEM. D'un point de vue keynésien, on considérera que 2008 constitue un moment clé dans l'histoire économique de l'UEM. Au cours de l'année, les chocs monétaires se sont multipliés au niveau mondial. La crise boursière du 21 février ou « lundi noir »[98] sera suivie par une forte augmentation du baril de pétrole (1 baril = 140$) et une poussée inflationniste (4%) au printemps, avant la faillite de la banque américaine Lehman Brothers au cours de l'automne qui constituera le sommet de la crise financière de 2008. Tous ces événements ont par conséquent conduit à une dégradation du climat mondial des affaires, provoquant ainsi une crise de confiance des investisseurs de la zone euro. Un « pessimisme » qui se traduira par une chute des investissements des sociétés non financières de l'Union économique et monétaire. Le tableau 8 représente l'évolution du taux d'investissement des entreprises de la zone euro sur la période 2008-2012.

---

98. La journée sera notamment marquée par une baisse spectaculaire du CAC40 à la bourse de Paris (-6,83%).

Tab 8. Taux d'investissement des sociétés non financières de la zone euro (2008 – 2012)

	2008	2009	2010	2011	2012
Taux (%)	23	19,5	19,7	20,2	20

Source : Eurostat.

Principal moteur de croissance de l'UEM, les investissements des sociétés non financières ont donc baissé de 11,3% entre 2008 et 2009, précipitant ainsi l'entrée en récession de la zone euro. La période qui va suivre (2009-2012) sera marquée par la crise des dettes souveraines. Le taux d'investissement moyen relativement faible de la période (20%) peut donc s'expliquer par les politiques d'austérité mises en place dans certains États membres (voir partie 2-4) qui ont contribué à accroître la pression fiscale sur les agents économiques.

Pour autant, la dégradation du climat économique mondial n'est pas le seul facteur de la baisse des investissements au sein de l'UEM. La période 2008-2012 se traduit également par de nombreux déséquilibres macroéconomiques qui retardent la reprise économique de la zone euro. Le tableau ci-dessous (Tab.9) permet d'établir un différentiel entre l'évolution des prix, le taux chômage, principal marqueur de la demande des ménages et la croissance du PIB.

Tableau 9. Évolution des données macroéconomiques de la zone euro (2008-2012)

	2008[1]	2009	2010	2011	2012	Moyenne
Inflation (%)	1,6	0,9	2,2	2,7	2,5	1,98
	↗	↘	↗	↗	↘	
Chômage (%)	7,6	9,6	10,1	10,4	11,8	9,9
	↘	↗	↗	↗	↗	
Croissance (%)	0,4	-4,4	2	1,4	-0,6	-0,24
	↘	↘	↗	↘	↘	
Comptes courants[2] (solde)	-0,7	0,1	0,3	0,3	1,5	0,3
	↘	↗	↗	→	↗	

Source : Eurostat.

1. Évolution par rapport à 2007.
2. Balance des transactions courantes (%PIB).

On peut ainsi observer un phénomène de stagflation[99] sur la période avec une croissance négative (-0,2%) et surtout un taux d'inflation à 2% qui contraste avec la hausse continue du chômage depuis quatre ans (+55%). La seule satisfaction pour l'UEM se trouve finalement au niveau des échanges extérieurs (+0,3%) pour lesquels elle profite largement des exportations allemandes (voir partie 2-6).

En contradiction, ces quatre indicateurs remettent en cause la théorie keynésienne du « carré magique » de Nicholas Kaldor sur les équilibres macroéconomiques : croissance, plein emploi, stabilité des prix et équilibre des échanges extérieurs. Aujourd'hui, si on devait

---

99. La stagflation est un phénomène de forte inflation qui s'accompagne d'une croissance faible.

établir des paramètres de stabilité économique pour l'UEM, les critères seraient les suivants :

- un taux d'inflation ≤ 2% ;
- une croissance ≥ 2% ;
- un taux de chômage ≤ 10% ;
- un solde commercial ≥ 0.

En revanche, ces données semblent justifier un recours aux théories de l'offre défendues par Arthur Laffer[100]. Élaborée dans les années 70, cette politique économique devait permettre de résoudre le problème stagflation pour lequel les politiques keynésiennes s'avéraient inefficaces. Un constat qui rejoint le contexte économique actuel de l'Eurogroupe où les politiques de réduction de dépenses publiques et surtout de hausses d'impôts affaiblissent la croissance des pays méditerranéens et celle de la zone euro. Troisième économie de la zone euro, l'Italie qui a recours depuis 2011 à cette politique budgétaire a enregistré un million de chômeurs supplémentaire, avec une contraction de son PIB (-2,2%) sur l'année 2012. Un niveau de prélèvements obligatoires trop élevé peut en effet s'avérer néfaste en affaiblissant les revenus du capital qui permettent la création de richesse. Cela permet d'expliquer notamment l'absence de croissance en France et la chute des investissements dans la zone euro en raison des plans d'austérité mis en place ces dernières années.

---

100. L'économiste Arthur Laffer (1940-) est le chef de file de l'école de l'offre. Grand partisan des baisses d'impôts, il est à l'origine de la courbe qui porte son nom.

Politique structurelle et réforme de l'État

Globalement, l'étude du tableau 9 démontre clairement un déficit au niveau des stocks des entreprises de la zone euro, lié à une baisse de la production d'où l'augmentation constante des prix en contradiction avec une demande de plus en plus faible. La valeur ajoutée sera donc au cœur des enjeux économiques de l'UEM dans les années à venir. Dans ce cadre, elle devra faire appel à une gestion concertée des coûts de production dans le souci d'adapter les facteurs de production à la nouvelle donne économique du 21e siècle. Les réformes à mettre en œuvre devraient essentiellement porter sur le marché du travail, la production, le progrès technique et l'innovation (R&D) ainsi que sur une nouvelle définition du rôle de l'État. Elles s'inscriront dans une politique structurelle de modernisation et permettront de relever à terme les défis de la mondialisation.

Avec une croissance négative (-0,24%) sur la période 2007-2012, l'appareil productif de l'Union économique et monétaire a semble-t-il marqué le pas face aux effets de la crise et en raison de la concurrence de plus en plus rude des pays émergents depuis le début des années 2000. La zone euro devra donc impérativement intégrer ce paramètre pour rendre son système productif plus compétitif. De ce fait, la gestion des coûts relatifs au capital et au travail revêt d'une importance particulière dans la mesure où elle définira la quantité de biens et de services produits par les entreprises. La zone euro dispose dans ce domaine d'un handicap par rapport aux nouveaux pays industrialisés (NPI).

Le prix du travail s'imposera donc comme un sujet prioritaire pour l'Eurogroupe compte tenu de la hausse continue du chômage dans l'UEM depuis 2008. Dans ce cadre, une baisse globale du coût de la main-d'œuvre au sein de la zone euro semble inévitable étant donné la concurrence internationale dans ce domaine. En effet, le coût horaire moyen de la main-d'œuvre de l'UEM s'élève à 29,66€ là où il est inférieur à 10$ dans des pays d'Asie du Sud-est[101] comme la Corée du Sud (8,1$)[102] ou encore Taïwan (5,7$). Aujourd'hui, ces pays parviennent à attirer les investisseurs étrangers grâce à une main-d'œuvre peu chère et abondante, provoquant en retour délocalisations d'entreprises et pertes d'emplois sur le continent européen. Sans évoquer une harmonisation du coût du travail pour l'heure impossible à l'échelle européenne, l'idée serait dans un premier temps de réduire le coût de la main-d'œuvre dans les pays de la zone euro qui supportent un coût du travail élevé (>25€ de l'heure) avec un taux de chômage important (Tab.10).

---

101. Référence aux 4 « dragons » : Hong kong, Taïwan, Singapour et Corée du Sud qui ont émergé à partir des années 60/70.
102. Coût horaire de la main d'oeuvre dans l'industrie manufacturière en 2001 (Ministère américain du travail).

Tableau 10. Coût de la main-d'œuvre, croissance et chômage en 2012 (zone euro +3 États)

	Italie	ZE17	Irlande	France
Coût horaire de la main d'œuvre (€)	27,42	29,66	34,16	35,93
Croissance du PIB (%)	-2,2	-0,6	0,7	0,0
Taux de chômage (%)	11,3	11,8	14,7	10,6

Source : Eurostat.

Tout comme la zone euro, la France, l'Italie et l'Irlande se distinguent par un coût du travail élevé pour un gain de productivité très faible en retour, qui se traduit par une croissance du PIB légèrement positive voir négative. Parallèlement, le taux de chômage élevé (>10%) de ces États membres révèle un nombre d'actifs insuffisant pour réaliser la production nécessaire à la création d'emplois. Une diminution du coût de la main-d'œuvre pourrait donc permettre une amélioration de la productivité du travail au sein de la zone euro. La mesure se traduirait ainsi par une baisse des salaires au profit d'un nombre plus important de travailleurs, dans l'idée d'un partage plus efficace des revenus. Cette initiative permettrait de limiter les délocalisations avec une augmentation certaine des embauches dans les trois États concernés et plus généralement au sein de la zone euro.

Paramètre essentiel de la production, le prix du capital est généralement fonction de la politique budgétaire mise en place par les États. À titre indicatif, le taux d'imposition des sociétés de la zone euro (26,1%) était supérieur à celui de l'OCDE (25,31%) en 2012. Si une diminution de l'impôt sur les sociétés est susceptible de réduire les recettes de l'État, la mesure n'en présente pas moins de nombreux avantages : plus de capital disponible soit plus de capacité d'investissement et donc plus de richesses créées par les sociétés. Au niveau de l'union monétaire, une baisse des taux de l'impôt sur les sociétés pourrait constituer un levier de compétitivité pour les États membres de la zone euro dont la balance des transactions courantes est déficitaire à l'image de la France (-1,9%), de la Grèce (-7,7%) ou encore de l'Italie (-0,7%). La mesure viendrait notamment compenser le handicap que constitue l'« euro fort » pour le commerce extérieur de la zone euro. En revanche, les baisses d'impôts sur le revenu (IR) semblent moins souhaitables dans la mesure où elles peuvent générer des inégalités de revenus et décourager l'épargne des ménages.

Dans un autre rôle, l'épargne constituerait d'ailleurs une source fiable de financement pour la zone euro en contribuant au développement technologique et à l'innovation au niveau des entreprises. Depuis les années 90, les pays émergents (NPI) comme la Corée du Sud ou encore Taïwan poursuivent leur progression industrielle, disposant désormais d'un avantage dans le domaine sur les pays industrialisés. Grâce à leur stratégie de remontée de filière (Tab.11), ces pays parviennent à développer une main-d'œuvre qualifiée et à productivité élevée.

Tableau 11. Exemple de remontée de filière (textile)

Vêtements → Tissu → Filature → Pétrochimie[103] → Biens d'équipements liés au textile (métiers automatiques, ordinateurs de production...)

Ce modèle de production leur permet ainsi de vendre des produits technologiques basiques à des prix défiant toute concurrence en raison de coûts faibles et attractifs avec à la clé, un taux de chômage de l'ordre de 4% (Corée du Sud). Afin de combler le retard de compétitivité qui la sépare désormais de ces pays émergents, la zone euro devra orienter l'épargne de ses ménages[104] vers le progrès technique dans l'objectif de faire évoluer le patrimoine technologique de ses entreprises. En mobilisant des moyens humains et financiers en faveur de la recherche et du développement, les sociétés pourront améliorer la formation technique de leur personnel tout en facilitant le renouvellement de leurs produits et de leurs équipements avec au bout une augmentation des profits et du pouvoir d'achat.

La réussite du modèle allemand en matière d'emploi devrait orienter la zone euro vers une interprétation libérale des causes du chômage au

---

103. Science relative à l'utilisation des composants chimiques de base issus du pétrole pour fabriquer d'autres composés synthétiques.
104. Le taux d'épargne des ménages de l'Eurogroupe était de 13% en 2012.

sein de l'UEM. Dans cette optique, les directives de la Commission européenne en matière de droit du travail pourraient en partie s'inspirer de l'agenda 2010, avec une priorité à la lutte contre le chômage volontaire. Le déséquilibre actuel sur le marché du travail en France peut par ailleurs justifier le recours à cette politique. En effet, le taux de chômage du pays a grimpé de 10% en 2012 avec plus de 300 000 offres d'emplois non pourvues sur l'année, majoritairement dans les métiers peu qualifiés (auxiliaire de vie, métiers de bouche, restauration...)[105]. Globalement, les mesures à mettre en œuvre devraient amener à une déréglementation du marché du travail à l'échelle européenne. Sur un modèle semblable aux lois Hartz, elles devraient répondre aux objectifs suivants :

- simplification des procédures d'embauche ;
- aide à la création d'entreprises ;
- diminution du pouvoir des syndicats.

Pour être efficaces, elles devront s'appuyer sur une politique qualitative du travail qui mettra l'accent sur la formation des actifs ainsi que sur une plus grande flexibilité des emplois à l'échelle de l'Union européenne.

En dehors d'une baisse globale du coût du travail évoquée auparavant, de nombreux outils de formation pourront permettre de répondre au problème actuel de l'offre au sein de la zone

---

105. Il s'agit d'un chômage volontaire dans la mesure où ces métiers sont à faible rémunération (≈20€ de l'heure) et par conséquent peu attractifs pour les demandeurs d'emplois.

euro. À ce titre, certaines mesures relatives à la formation professionnelle dans l'industrie en Allemagne ou à l'alternance et l'apprentissage en France ont semble-t-il prouvé leur efficacité et pourraient ainsi faire l'objet d'une généralisation à l'échelle de l'UEM. L'idée serait de faciliter l'insertion professionnelle des travailleurs non qualifiés en privilégiant entre autres les métiers ouvriers afin d'éviter une désindustrialisation massive sur le continent. Le secteur industriel de l'UE a en effet perdu 11 millions d'emplois entre 2008 et 2010 avec un effondrement de 20% de la production industrielle sur la période 2007-2009 en raison de la récession. Particulièrement touché, le secteur industriel français n'emploie plus que 13%[106] de la population active au profit du secteur tertiaire qui représente désormais 76% des emplois en France. À titre comparatif, le secteur industriel représente 23% des emplois aux Pays-Bas et 25% en Belgique.

En complément, la formation continue devra adapter les travailleurs aux évolutions technologiques de la société qui demandent de plus en plus de qualifications aux salariés, avec l'idée d'assimiler la formation au capital humain[107].

Aujourd'hui, le marché unique appelle à plus de flexibilité afin d'adapter la quantité de travail aux besoins de l'activité. Dans ce cadre, une segmentation accrue du marché de

---

106. Ministère du Travail, de l'Emploi et de la Santé (2011).
107. Théorie de l'économiste américain Gary Becker (1930-) selon laquelle la formation s'assimile à un investissement qui augmente la productivité du travailleur et donc son revenu.

l'emploi[108] à l'échelle de l'UE semble plus que jamais à l'ordre du jour. En outre, le développement de contrats de type précaire (Allemagne) ou encore du chômage partiel s'inscrit dans la continuité des baisses de salaires évoquées plus tôt (p.89) et permettra de réduire le taux de chômage de la zone euro désormais établi à 11,8%. La suppression des règles contraignantes en matière de recrutement (directives européennes) devrait faciliter quelque peu l'accès au marché secondaire, qui apparaît aujourd'hui comme le véritable recours à un marché primaire instable depuis le début de la crise économique. Une thèse qui se justifie par l'explosion du chômage depuis 2008 au sein de la zone euro qui compte aujourd'hui près de 20 millions de demandeurs d'emploi, ainsi que par la multiplication des plans sociaux en France en 2012 (PSA, Virgin, Pétroplus...) qui traduisent plus largement une dégradation du travail et de la protection de l'emploi au sein de l'UEM.

La CE pourra également favoriser le retour à l'emploi en augmentant les aides à la création d'entreprises individuelles à l'image du « Ich Ag[109] » (Hartz II). Enfin, la diminution du pouvoir des syndicats s'inscrit dans une logique de libéralisation économique. Si la mesure peut représenter une entrave au progrès social et à l'intérêt des salariés, elle semble nécessaire du point de vue de la mondialisation d'autant que le taux de syndicalisation en Europe (34,6%) est

---

108. Le marché du travail comprend le marché primaire (CDI) et le marché secondaire (CDD, intérim).
109. « Société anonyme à moi tout seul ».

largement supérieur à celui des États-Unis (11,4%) et du Japon (18,4%).

L'émergence de l'économie capitaliste et le déclin des politiques keynésiennes relatifs à la construction de l'UE ont démontré la nécessité de réduire le poids des États dans les économies nationales. En effet, la mondialisation appelle aujourd'hui à une redéfinition du rôle de l'État dans les différents services publics et domaines régaliens. Dans l'idéal, la part de l'État ne devrait en réalité pas dépasser la moitié du PIB d'un pays ($\leq 50\%$). D'ailleurs, les pays de l'UEM qui s'en sortent le mieux depuis le début de la crise en 2009 ont d'abord privilégié une politique de réduction de dépenses plutôt qu'une politique basée sur des hausses d'impôts. Le tableau 12 permet de comparer l'évolution de la politique budgétaire de six États membres de la zone euro sur la période 2009-2011. On constate sur cette période que l'Allemagne, le Luxembourg et les Pays-Bas on réduit leur déficit public en même temps que leurs recettes et que leurs dépenses, avec une baisse plus importante des dépenses publiques.

Tableau 12. **Évolution des politiques budgétaires de 2009 à 2011 en % du PIB (zone euro + 6 États)**

Pays	Postes	2009	2010	2011	Évolution
Allemagne	Dépenses	48,2	47,7	45,3	↘
	Recettes	45,1	43,6	44,5	↘
	Déficit	-3,1	-4,1	-0,8	↘
Luxembourg	Dépenses	44,6	42,8	42	↘
	Recettes	43,9	42	41,6	↘
	Déficit	-0,8	-0,8	-0,3	↘
Pays-Bas	Dépenses	51,4	51,2	49,8	↘
	Recettes	45,8	46,1	45,4	↘
	Déficit	-5,6	-5,1	-4,5	↘
Slovénie	Dépenses	49,1	50,3	50,7	↗
	Recettes	43,1	44,5	44,3	↗
	Déficit	-6	-5,7	-6,4	↗
Chypre	Dépenses	46,2	46,2	46,1	↘
	Recettes	40,1	40,9	39,8	↘
	Déficit	-6,1	-5,3	-6,3	↗
Grèce	Dépenses	54	51,5	51,8	↘
	Recettes	38,3	40,6	42,3	↗
	Déficit	-15,6	-10,7	-9,4	↘
Zone euro	Dépenses	51,2	51	49,5	↘
	Recettes	44,9	44,8	45,4	↗
	Déficit	-6,3	-6,2	-4,1	↘

Source : Eurostat.

À l'inverse, la Slovénie connaît sur la période une augmentation de ses dépenses et de ses recettes, ce qui explique le déficit public important du pays[110] (-6,4%). La Grèce et la Chypre se distinguent de leurs partenaires par

---

110. Voir politique de croissance et rôle de l'État (keynésianisme).

un niveau de recettes publiques particulièrement faible (≈40%), et un taux de dépenses supérieur à 50% pour la Grèce et stable pour Chypre.

Enfin, l'évolution budgétaire de la zone euro concorde avec les politiques d'austérité mises en place dans l'UEM depuis 2009, qui se traduisent par une hausse des prélèvements obligatoires et une diminution des dépenses publiques. Si cette politique a permis de ramener le taux de dépenses publiques de la zone euro à un niveau acceptable (<50%), elle s'oppose en revanche à un retour de croissance en zone euro du fait notamment de la pression fiscale exercée sur les agents économiques.

Dans une autre mission, l'État devra pallier l'insuffisance actuelle des marchés dans certains domaines. Ses missions se concentreront entre autres sur la prise en charge des biens et des services collectifs (ex. éclairage public, routes...) finançables par les impôts. Il devra également intervenir pour traiter les effets indésirables de certaines activités relatifs à la pollution ou la dégradation de sites en taxant sur le principe pollueur/payeur. La mise en place d'une fiscalité écologique à l'échelle européenne est par ailleurs envisagée et sera évoquée plus loin (voir partie 4-11). Le rôle de l'État en matière d'éducation doit rester vital dans la mesure où il conditionne les futurs talents d'un pays. À ce titre, le système éducatif finlandais, considéré comme l'un des tout meilleurs à l'échelle mondiale[111] peut servir

---

111. Enquête internationale PISA de 2009.

d'exemple au niveau européen. Aujourd'hui, ce pays consacre une part correcte de son budget à l'éducation (14%) pour des résultats probants et un système qui garantit l'égalité entre les élèves.

Sur les principes de l'« État-gendarme », l'État doit assurer la sécurité des personnes tout comme la sécurité alimentaire (protection des consommateurs). Dans ce cadre, l'affaire de la viande chevaline[112] survenue dans l'UE27 au début de l'année 2013 à la suite d'un problème d'étiquetage pourrait constituer un argument solide en faveur d'un renfort des contrôles et sanctions en matière de fraude et concurrence déloyale [113].

Enfin, l'État devra garantir l'éthique en facilitant notamment l'accès aux médicaments et aux soins aux citoyens les plus démunis. Dans cette optique, la couverture maladie universelle (CMU) française pourrait être élargie à l'échelle européenne dans la mesure où elle garantit la santé pour tous, répondant ainsi aux principes fondamentaux des droits de l'homme. D'ailleurs, la mesure a déjà fait recette aux USA avec le « Patient Protection and Affordable Care Act », réforme du système de santé promulguée par le Président Obama en 2010 et qui fait figure de véritable révolution sociale dans un pays ou l'État est généralement réduit au second plan...

---

112. Erreur de certification → Viande de boeuf provenant de Roumanie substituée à de la viande de cheval mais « certifiée bovine » en France.
113. Voir réguler le marché unique (partie 5-12).

PARTIE 4

LES ÉVOLUTIONS DE L'EUROPE

10 L'élargissement de l'Europe

Depuis 2000, l'UE a franchi une nouvelle étape avec l'arrivée des États de l'Est et les débuts de l'UEM. Malgré tout, la question de l'adhésion reste épineuse et dépendra essentiellement de la situation économique et politique des pays.

Construction et élargissement de l'UE

Aujourd'hui, l'élargissement du territoire européen constitue l'un des principaux enjeux pour l'Europe dans le cadre de l'union politique du continent. Depuis la déclaration de Robert Schuman en 1950, l'Europe a vu son territoire s'élargir de six à vingt-sept États (Tab.13) en soixante ans, avec comme point d'orgue la mise en place de l'Union économique et monétaire qui compte aujourd'hui dix-sept États membres (Tab.14). Cependant, la construction de l'UE se trouve dans une impasse depuis les dernières adhésions en 2007. En effet, de nombreux pays renoncent aujourd'hui à intégrer l'UE ou la zone euro en raison d'un certain nombre de facteurs politiques, économiques ou encore culturels.

Tab 13. Étapes de la construction de l'UE

Années	Étapes
1957	Création d'un marché commun entre l'Allemagne, la France, l'Italie et le Bénélux
1968	Création de l'Union douanière entre les six
1973	Entrée du Danemark, du Royaume-Uni et de l'Irlande
1981	Entrée de la Grèce
1986	Entrée de l'Espagne et du Portugal
1986	Signature de l'Acte unique européen
1992	Signature du traité de Maastricht
1995	Entrée de l'Autriche, la Finlande et la Suède
1997	Signature du traité d'Amsterdam
2004	Entrée de la Slovaquie, Pologne, Hongrie, Rép.Tchèque, Slovénie, Lettonie, Lituanie, Estonie, Malte, Chypre.
2007	Entrée de la Bulgarie et de la Roumanie
2007	Signature du traité de Lisbonne

L'adhésion de la Turquie en particulier pose le problème des limites géographiques et culturelles du continent européen. Si le pays reste intégralement implanté en Asie (97% de son territoire), ses liens avec l'Europe restent forts en particulier avec la Grèce qui occupe une place importante dans l'histoire du pays[114]. Malgré tout, son adhésion à l'Union européenne semble aujourd'hui peu probable. En effet, la Turquie est aujourd'hui remise en cause par la

---

114. Référence à l'empire Ottoman (1299-1923) qui laissa sa place à la République de Turquie et dont la Grèce gagna son indépendance en 1830.

communauté internationale pour le respect des droits de l'homme, en particulier pour ce qui est de la liberté d'expression et des violences faites aux femmes.

À l'inverse, le Royaume-Uni membre de l'UE depuis 1973 songe désormais à s'y retirer. Le Premier ministre David Cameron a d'ailleurs évoqué l'idée d'un référendum dans les années à venir (vers 2016) pour décider de l'avenir de l'État dans l'Europe. Fortement conservatrice et à tradition libérale, la Grande-Bretagne dispose il est vrai des armes nécessaires pour faire face à la mondialisation de manière autonome. En outre, l'État britannique à l'image des USA avec la FED peut compter sur la « Bank of England » pour financer sa dette et éviter ainsi les attaques spéculatives des marchés financiers. À côté, la « City » de Londres constitue l'une des places économiques et financières les plus puissantes de la planète et représente à elle seule 13% du PIB britannique. Cependant, si tous ces atouts lui garantissent une indépendance sur le plan économique, une sortie de la Grande-Bretagne de l'Union européenne apparaît aujourd'hui peu souhaitable. Pour cause, le RU représente une part non négligeable du budget européen et sa situation économique reste pour le moins fragile avec notamment une croissance quasi nulle (0,2%) sur l'année 2012.

Si la Grande-Bretagne n'écarte pas une sortie prochaine de l'UE, l'adhésion de pays comme la Suisse ou encore la Norvège semble aujourd'hui totalement illusoire.

Paradis fiscal célèbre, la Suisse profite des avantages qu'elle offre dans le domaine pour attirer un grand nombre de capitaux étrangers. L'expatriation fiscale des Français représenterait à elle seule 10% des recettes fiscales du pays. En outre, la Suisse qui figure à la première du classement mondial de la compétitivité[115] depuis 2009 peut également s'appuyer sur un secteur financier très développé et un niveau de vie parmi les plus élevés au monde.

Dans un registre différent, la Norvège à l'image de ses voisins scandinaves symbolise la prospérité économique[116]. Le pays peut en effet compter sur un sous-sol riche en ressources naturelles, notamment dans les domaines du pétrole et du gaz naturel où il figure dans l'ordre au sixième et au troisième rang des exportateurs mondiaux. À l'image de ses voisins suédois et finlandais, la Norvège a su trouver un équilibre entre l'action publique et le capitalisme privé, pouvant ainsi profiter d'un niveau de dépenses publiques supérieur à 50% de son PIB.

Avec un fort potentiel économique et des institutions à part (ex. monarchie en Norvège), ces pays peuvent aujourd'hui légitimement se passer d'une adhésion à l'Union européenne.

---

115. Classement établi chaque année par le Forum économique mondial (WEF) sur la concurrence. La suisse domine le classement depuis 2009.
116. Malgré la crise, le pays a profité d'un taux de croissance de 3,1% en 2012 (Ministère des Affaires Étrangères).

L'UEM et les pays en transition

Peu évoquée jusqu'ici, l'intégration des pays en transition représente un intérêt capital pour la zone euro. En effet, ces nations d'Europe de l'Est et de l'ex-bloc soviétique[117] qui connaissent, depuis les années 90, une profonde mutation de leur système économique et politique avec le passage au capitalisme et à un régime politique démocratique constituent de ce fait des atouts considérables pour l'union monétaire sur le plan économique.

Tab 14. Étapes de la construction de l'UEM

Années	Étapes
1992	Institution de L'Union Économique et Monétaire (UEM) par le traité de Maastricht
1999	L'euro devient la monnaie unique de 11 États membres : Allemagne, Autriche, Belgique, Espagne, France, Finlande, Irlande, Italie, Luxembourg, Pays-Bas, Portugal
2001	Entrée de la Grèce
2002	Mise en circulation des pièces et des billets en euros
2007	Entrée de la Slovaquie
2008	Entrée de Malte et Chypre
2009	Entrée de la Slovénie
2011	Entrée de l'Estonie

---

117. La transition a débuté à partir de la chute du mur de Berlin en 1989.

Entre autres, la Slovaquie, la Slovénie et l'Estonie qui ont rejoint l'Eurogroupe il y a peu (Tab.14) connaissent un développement notable et représentent de ce fait un apport financier non négligeable pour l'Union européenne et la zone euro (voir annexes). Cependant, le rythme de croissance économique varie d'un pays à l'autre et peut par conséquent constituer une barrière pour l'adhésion à l'UEM en raison des exigences économiques et monétaires imposées par le PSC (voir partie 1-1).

Considéré jusqu'à maintenant comme le probable dix-huitième États membres de la zone euro, la Hongrie qui a engagé une politique de rigueur dans cet objectif ne parvient pas à rentrer dans les clous du PSC. Avec un déficit public à 4,3% et une dette à 81,4% de son PIB (2011), la Hongrie, rattrapée par la récession en 2009, est toujours à la recherche d'une stabilité économique comme en témoigne certaines des réformes que le pays a engagées depuis 2011, non conformes avec le droit européen[118].

En revanche, la Pologne qui connaît un développement exceptionnel tourne désormais le dos à l'UEM. Le pays qui a connu une croissance de 4,3% en 2011 peut compter sur une forte demande intérieure et sur son secteur de la construction. De plus, l'organisation de l'Euro (foot) en 2012 a contribué à booster les investissements privés et publics dans le pays.

---

118. La Commission européenne a engagé en 2012 trois procédures d'infraction à l'encontre de la Hongrie sur trois réformes engagées par le pays concernant l'âge de la retraite des juges, l'autorité de protrection des données et la banque centrale de Hongrie.

11 Les adaptations de l'Europe

Au cours des prochaines décennies, l'Europe devra s'adapter aux évolutions démographiques de la société moderne ainsi qu'aux changements climatiques engendrés par les activités humaines. L'économie verte devrait être à l'ordre du jour...

Population et flux migratoires

En plus d'une baisse de sa population[119], l'Europe du 21e siècle devra également faire face à un vieillissement important de sa population. Un phénomène qui aura des répercussions sur le plan économique. Selon l'OIT, le niveau de vie de l'Europe occidentale devrait ainsi baisser de 22% jusqu'en 2050. Afin d'y voir plus clair, le tableau 15 établit une projection des évolutions démographiques de l'UE27 pour 2050-2060.

L'étude projette clairement une baisse de la population active (52%) et un pourcentage plus important de retraités (29%) que de jeunes (19%). Parallèlement, l'indice de fécondé (1,68) sera insuffisant pour assurer le renouvellement des générations[120].

---

119. Selon Eurostat, la population de l'UE devrait décroître à partir de 2030 pour atteindre 494 millions d'habitants en 2050 (projections).
120. L'indice souhaité est de 2,1 enfants par femmes.

Tableau 15. Projections démographiques de l'UE27

	2050	2060
Pop° en âge de travailler en % (20-64 ans)	52	
Pop° 15-24 ans (%)	19	
Pop° 65 ans et + (%)	29	
Dépendance (%)	50	
Fécondité		1,68
Soldes migratoires		40[1]
Espérance de vie (F)		89
Espérance de vie (H)		84,5

Source : Eurostat.
1. En millions d'individus.

Ces évolutions démographiques auront donc leurs conséquences sur l'économie de l'Union européenne. Elles poseront notamment un souci en matière de financement des retraites et de dépenses de santé en raison de la baisse du taux d'activité prévue. Dans ce cadre, le report de l'âge de la retraite (65 ans) dans l'ensemble de l'UE27 semble logique tandis que les politiques de prévention en particulier sur les maladies chroniques devraient permettre de réduire les dépenses de santé et la dépendance.

Selon les projections, la population jeune (-25) sera moins importante que la population âgée (+65) en 2050. Cela pose le problème du renouvellement des générations au sein de l'UE27. Dans ce domaine, des disparités existent entre les États membres de l'UE. Si la France (2,0) qui possède l'indice de fécondité le plus élevé de l'UE27 avec l'Irlande (2,1) semble tirer profit de sa politique familiale, l'Allemagne (1,4) devrait compter huit millions d'actifs en moins d'ici 2030. Les politiques familiales devraient donc permettre de résoudre le problème de natalité au sein de l'UE. Il s'agirait notamment d'accorder des avantages fiscaux croissants aux familles en fonction du nombre d'enfants à charge (quotient familial) avec des déductions en matière de scolarité, garde et veuvage.

La baisse du taux d'activité envisagée pour 2050 fait de l'immigration l'un des principaux atouts économiques de l'Europe pour ce 21e siècle. En effet, l'UE a besoin de deux millions d'immigrés chaque année pour conserver un ratio de quatre actifs pour un inactif. Dans cette optique, la CE pourra favoriser l'immigration du travail au sein de l'UE en facilitant notamment les conditions d'accès à la nationalité pour les travailleurs qualifiés. Les directives (CE) devront également favoriser la mobilité professionnelle et géographique en Europe avec l'idée de faire du continent un espace international du travail. L'élargissement du territoire européen prend ici toute son importance d'autant qu'il permettra un meilleur mouvement de ces flux migratoires.

Écologie et transition énergétique

La progression des gaz à effet de serre liée aux activités humaines depuis l'ère préindustrielle devrait interpeller les dirigeants européens sur la nécessité d'amorcer au plus vite la transition énergétique sur le continent. Les politiques à réaliser devront notamment permettre de limiter les émissions de gaz carbonique (CO^2)[121] dans l'atmosphère, de favoriser le développement des énergies renouvelables (énergies vertes)[122] et de réduire à moyen terme la part du nucléaire dans l'économie de l'UE. Dans ce cadre, les directives européennes sur la politique environnementale devront faire l'objet d'un renforcement tandis que les prochains sommets internationaux sur le climat appellent à une véritable réflexion sur les enjeux de la protection de l'environnement et sur les conséquences de la pollution à l'échelle planétaire.

La mise en place d'une fiscalité écologique ou « fiscalité verte » permettrait à l'UE de relever à terme le défi de la transition énergétique dans une société de haute technologie peu encline à l'écologie. Principal acteur de la progression des gaz à effet de serre à l'origine du réchauffement climatique, le dioxyde de carbone concentre depuis quelques années l'attention de la plupart des pays industrialisés en matière de politique environnementale. Cependant, si à l'échelle de

---

121. Le gaz carbonique contribue pour 53% à l'augmentation de l'effet de serre. On estime sa durée de vie dans l'atmosphère à 100-150 ans.
122. Énergies marines, solaires, éoliennes, hydroélectriques, géothermie et biomasse.

l'UE, certaines initiatives ont été prises afin de limiter les émissions de CO^2 à l'image de la directive 2003/87/CE sur le crédit d'émission de gaz à effet de serre (protocole de Kyoto) ou de la mise en place du marché européen des droits d'émission de gaz carbonique, l'absence de stratégie globale en matière d'écologie et de protection environnementale fait défaut. La taxe carbone partiellement appliquée dans certains pays de l'UE[123] ou encore la mise en place d'une taxe sur les émissions de CO^2 pourraient poser les bases d'une transition énergétique solide en s'inscrivant sur une démarche de long terme. En parallèle, les pouvoirs publics devront s'évertuer à favoriser le développement des moyens de transport non polluants avec l'objectif de lutter de manière efficace contre la pollution en milieu urbain. Par ailleurs, le réseau de vélo de ville (Vélolib) et celui de voiture électrique (Autolib) mis en place récemment en région parisienne (2011) connaissent un réel succès et pourraient à terme faire l'objet d'une généralisation au niveau de l'UE. De la même manière, la popularité de la bicyclette aux Pays-Bas qui représente 26% des déplacements des citoyens néerlandais pourrait être le symbole de la métamorphose écologique du continent européen.

Le développement des énergies primaires (renouvelables) fait l'objet d'un programme de recherche à l'échelle de l'UE avec notamment les PCRD et EIE[124], auxquels s'ajoutent d'autres

---

123. Finlande, Danemark, Pays-Bas et Suède.
124. Programme cadre de recherche et de développement (PCRD) et programme Énergie intelligente Europe (EIE).

programmes relatifs au financement de projets énergétiques par les fonds structurels, la PAC et les prêts bancaires (Banque mondiale, BERD). À côté des énergies renouvelables, les politiques de tri sélectif et de collecte propres au recyclage (carton, plastique, verre, piles...) ainsi qu'au traitement des déchets (stockage) devront faire l'objet de campagnes d'information auprès des citoyens afin qu'elles rentrent définitivement dans les mœurs.

La transition énergétique devrait en toute logique s'accompagner d'une réduction de la part du nucléaire au sein des États de l'UE. Si l'Allemagne envisage une sortie du nucléaire pour 2022, la France n'en est qu'à ses débuts avec en vue la fermeture de Fesseneim, la plus vieille centrale nucléaire du pays (1978). Dans l'idéal, chaque État devrait parvenir à réduire l'énergie atomique de 50% jusqu'en 2030 pour en sortir totalement d'ici 2050. Cependant, si elle semble nécessaire, la suppression totale de l'énergie nucléaire peut s'avérer néfaste dans la mesure où elle accentuerait la dépendance énergétique de l'UE et provoquerait ainsi une explosion des coûts liés au nucléaire (électricité).

Malgré de nombreux efforts accomplis en matière de développement durable et d'écologie, l'UE se retrouve à l'échelle internationale isolée face aux principales puissances économiques mondiales, soucieuses de préserver un potentiel énergétique favorable pour la plupart d'entre elles. Les deniers sommets internationaux sur le climat à l'image de la conférence de Copenhague en 2009 et plus récemment du sommet de Rio (2012) se sont ainsi soldés par de sérieux échecs. Principaux contributeurs des émissions de gaz carbonique de la planète[125], la Chine et les USA restent particulièrement hostiles à tout effort de réduction en la matière, ce qui rend un accord d'autant plus compliqué. Aujourd'hui, les États-Unis, deuxième producteur mondial de pétrole et la Chine qui a engagé un vaste programme de construction de centrales nucléaires[126] n'ont en effet que peu d'intérêt à remettre en cause leur dépendance énergétique en faveur d'une lutte plus efficace contre le réchauffement climatique et la pollution. Un constat qui démontre que l'économie verte doit également faire face au phénomène de mondialisation : outre la Chine, la plupart des pays émergents à l'image du Brésil qui poursuivent leur industrialisation s'opposent désormais aux politiques de restriction de CO^2 ainsi qu'au développement des énergies vertes...

---

125. En 2011, les plus gros contributeurs des 34 millions de tonnes de CO^2 émises étaient la Chine (29%), les États-Unis (16%), l'Union européenne (11%), l'Inde (6%) et le Japon (5%).
126. La Chine a engagé la construction de 25 centrales nucléaires avec l'objectif d'être la 3e puissance nucléaire mondiale en 2020.

PARTIE 5

RÉFORME DES INSTITUTIONS ET GOUVERNANCE EUROPÉENNE

# 12 La nécessaire réforme des institutions européennes

Les disparités économiques et les désaccords croissants entre les États de l'UE démontrent la nécessité d'une gouvernance renforcée au niveau du continent. Après l'Europe économique, c'est l'Europe politique qu'il faut désormais réaliser.

Vers une Europe fédérale

Après la mise en œuvre progressive de l'Union économique puis monétaire au cours des trente dernières années, l'Europe s'attelle désormais à réaliser l'union politique. Si l'exercice semble pour l'heure difficile en raison des divergences économiques et politiques existantes entre les États membres (voir la partie 2), le projet n'en demeure pas moins réalisable et permettrait de réunifier les pays malgré leurs différences. L'idée consisterait en réalité à réaliser un État fédéral entre les membres de l'Union économique et monétaire[127], dans une constitution où les pays membres seraient liés par un ensemble de règles communes tout en conservant leurs propres lois afin d'aboutir à ce que certains appelleront les

---

127. Le fédéralisme imposerait obligatoirement l'adhésion à la monnaie unique pour tous les États membres de l'Union européenne.

« États-Unis d'Europe ». Pour parvenir à cet objectif, les institutions européennes devront faire l'objet de profondes modifications afin de remédier au défaut de gouvernance apparu ces dernières années au sein de l'UE. En dehors des politiques économiques où les divergences entre les pays de l'UE restent nombreuses, les derniers événements relatifs à l'intervention française au Mali[128] ont montré une véritable absence d'unité et de cohésion au sein de l'UE en raison d'un défaut visible de pouvoir de décision au niveau des principaux organes législatifs du continent. L'union politique permettra ainsi de réunir les États autour de politiques communes en matière de politique étrangère, de sécurité, de justice et au niveau économique et monétaire avec l'idée de réduire au maximum les disparités entre les États membres.

Le marché unique européen qui représente l'axe économique et financier du continent avec la libre circulation des biens, des services et des capitaux devra également faire l'objet d'un certain nombre d'ajustements dans l'objectif de réguler au mieux les échanges commerciaux au niveau de l'Union européenne.

Enfin, la BCE dont les missions se limitent pour l'heure à la stabilité des prix et à la lutte contre l'inflation au sein de la zone euro devrait aussi voir ses prérogatives élargies.

---

128. En janvier 2013, la France a engagé une opération militaire au Mali afin de stopper la progression des terroristes islamistes dans le Nord du pays. Effectuée sous le mandat de l'ONU, l'opération française a été peu suivie par les autres États membres de l'Union européenne.

Réforme des institutions de l'UE

Tableau 16. Gouvernance européenne

Chef de gouvernement européen (1)
Politique de l'UE
Représentation de l'UE à l'étranger

Conseil européen (2)
Réunion des chefs d'États de l'UE (4 fois par an)
Nomme les ministres (3), (4), (5)
Fixe les grandes orientations à (3), (4), (5)

Ministre de la PESC (3)	Ministre de la CPJMP (4)	Ministre de l'UEM (5)
Force de gendarmerie européenne	Terrorisme	Application du PSC
Droits de l'homme	Drogue	Convergence économique et budgétaire
Politique étrangère	Armée	

Élaborent et proposent les directives à (7)
Exécutent les directives votées par (7)

Cour de justice européenne (6)	Parlement européen (7)
Juges nommés par pays membres	754 députés
Garantit l'application du droit européen à (2), (3), (4), (5), (7)	Vote les directives proposées par (3), (4), (5)

La crise des dettes souveraines aura permis de soulever les dysfonctionnements existants au niveau des principales institutions de l'Union européenne. En effet, les deux organes législatifs de l'UE27 que sont le Conseil européen et la Commission européenne ont montré certaines limites à prendre les directives nécessaires pour lutter efficacement contre la crise économique et les négociations entre les chefs d'État de l'UE ont régulièrement fait l'objet d'une impasse.

Les deux institutions pourraient ainsi faire l'objet d'une fusion dans la mesure où ils sont en charge des principales décisions économiques et politiques de l'Union européenne. Il s'agirait ici de fusionner le poste de Président du Conseil européen (Herman Van Rompuy) et celui de la CE (Juan-Manuel Barroso) pour former la tête législative de l'UE (Tab.16).

Cette initiative nécessiterait un recentrage des pouvoirs autour des piliers qui composent le Traité de l'Union européenne à savoir la PESC (politique intérieur, sécurité), la CPJMP (justice) et l'UEM (économie) où seront concentrées les principales missions des vingt-sept commissaires de la Commission européenne, répartis dans trois ministères avec un commissaire nommé à la tête de chaque ministère.

Si les chefs d'États européens continuent à fixer le cap des orientations politiques de l'UE, le Conseil des ministres devra faire l'objet d'une suppression dans la mesure ou il fait figure de rempart entre le Conseil européen et la CE.

Enfin, les missions du Parlement européen et celles de la Cour de justice ne devraient guère évoluer. Le premier devrait ainsi conserver son pouvoir de décisions et la seconde continuera à garantir le respect des règles de droit à l'échelle européenne. La réforme des institutions de l'UE devrait donc aboutir à gouvernement européen et pouvoir exécutif de l'Union européenne.

Réguler le marché unique

Fondé en 1986 sur les principes du libéralisme et de la main invisible défendus par Adam Smith, le marché unique de l'UE appelle aujourd'hui à une réforme de ses principaux composants dans une politique qui aura pour objectif de renforcer la règlementation en vigueur. Cette régulation du libre-échange devrait s'appliquer aux opérations financières, commerciales ainsi qu'aux politiques publiques. Elle aura à cœur de rendre le marché unique européen mieux équilibré et plus juste.

En 2013, le scandale lié à la viande de cheval retrouvée dans certains plats surgelés du groupe suédois Findus en France a soulevé le problème de la traçabilité des produits au sein de l'Union européenne. Il remet ici en cause la législation en matière de concurrence déloyale d'autant que la viande chevaline, achetée à moindre coût en

Roumanie fut revendue au prix de la viande de bœuf sur le territoire français. Si la Commission européenne semble pour l'heure réticente à un renforcement de la législation qui constituerait une barrière à la concurrence au sein du marché intérieur européen, un meilleur contrôle des marchandises ainsi que l'étiquetage obligatoire des produits permettraient pourtant de lutter efficacement contre ces fraudes et pratiques interdites. Ces mesures viendraient notamment renforcer certaines directives de la Commission européenne[129] qui prévoient des sanctions en cas d'ententes et d'abus de position dominante pour les sociétés.

Initiée par le traité de Maastricht dans le cadre du marché unique européen, l'ouverture des services publics à la concurrence a entraîné durant les années 90 une vague de privatisations massives au sein de l'Union européenne. En France, des capitaux furent ainsi ouverts dans des entreprises publiques telles que France Télécom et Air France tandis que certaines banques assurances furent privatisées à l'image de CIC (1998) ou encore du Crédit Lyonnais (1999) qui avait été nationalisé en 1982[130]. Néanmoins, si le passage au statut privé d'un monopole d'État permet de répondre aux enjeux de la mondialisation, il peut s'avérer néfaste dans la mesure où il menace la notion de service public dans laquelle le profit n'est pas prioritaire. Cela est d'autant plus vrai pour les

---

129. La Commission européenne prévoit des amendes pouvant aller jusqu'à 10% du chiffre d'affaires mondial du groupe.
130. Vague de nationalisation orchestrée par le Gouvernement de Pierre Mauroy au cours de la période 1981-1982.

services incontournables de l'État tels que les transports et les services postaux. Qualifiée de désastreuse, la privatisation des chemins de fer britanniques (British Rail) en 1996 s'est traduite par une suppression importante des emplois, la hausse des tarifs et l'augmentation du nombre d'accidents du fait de la réduction des coûts de maintenance. Afin de limiter les effets négatifs que peuvent engendrer ces privatisations, la Commission européenne pourrait par exemple imposer aux États membres de conserver une part minimale ($\geq 10\%$) du capital d'un monopole d'État ce qui ferait office de garantie contre une éventuelle faillite.

Le marché unique reste par ailleurs le théâtre d'un dumping social et fiscal de grande ampleur. Aujourd'hui, les sociétés de l'Europe occidentale n'hésitent plus à se délocaliser vers certains pays de l'Est tels que la Hongrie, la Roumanie et la Bulgarie où les conditions en matière sociale et fiscale sont plus avantageuses. Si la mise en place d'une protection sociale à l'échelle de l'UE27 reste réalisable (voir partie 3-9), l'idée d'une politique fiscale commune, bien que nécessaire, semble plus difficilement envisageable du fait des politiques budgétaires divergentes entre les États membres. Cependant, si les différences en matière d'IS entre les États membres semblent pour l'heure trop importantes, la TVA pourrait en revanche constituer une première étape vers une convergence budgétaire au sein de l'UE. Dans cette optique, la mise en place d'un taux unique de TVA à 21%[131] pourrait rentrer en adéquation avec les principes fondamentaux du marché unique sur le libre-échange. La mesure permettrait de rétablir un équilibre économique au sein de l'UE en limitant les délocalisations et rééquilibrant les recettes fiscales entre les États.

Au-delà des politiques budgétaires, la fiscalité pose également le problème de l'exil fiscal et des paradis fiscaux liés aux mouvements de capitaux dans l'Union européenne. Outre la Suisse, des pays comme le Luxembourg, le Royaume-Uni ou encore l'Irlande attirent en effet un nombre important de capitaux étrangers en raison de politiques fiscales plus favorables que leurs voisins européens. Si ces fuites de capitaux vers l'étranger ont des conséquences néfastes sur l'économie des États, elles reposent également la question de la taxation des flux de capitaux au sein de l'UE, ravivant d'une certaine manière le spectre de la « Taxe Tobin » conçue à l'origine pour lutter contre la spéculation financière à une heure où le capitalisme imposait ses règles à l'économie mondiale.

Si l'idée a fait son chemin au niveau de l'UE avec l'adoption récemment d'une taxe sur les transactions financières qui sera appliquée dans onze États[132] de l'union, la mesure ne fait guère l'unanimité sur le reste du continent et encore moins à l'échelle mondiale. La Chine, les États-

---

131. Moyenne des taux de TVA normaux des pays de l'UE pour les produits manufacturés et les prestations de services.
132. Espagne, Italie, Slovaquie, Estonie, France, Allemagne, Belgique, Portugal, Slovénie, Autriche, Grèce.

Unis ou encore le Royaume-Uni où les activités de spéculation sont particulièrement intenses se refusent en effet à adopter un impôt susceptible de pénaliser leurs activités financières au profit d'un meilleur contrôle de la finance mondiale. À défaut d'une lutte incertaine contre les paradis fiscaux, les prochains sommets internationaux (G20) devront œuvrer pour un élargissement de la taxe dans l'ensemble de l'UE et à plus long terme, au reste du monde. Quoi qu'il en soit, le taux appliqué devrait être faible (≤1%) afin de ne pas pénaliser l'activité productive mondiale.

> **Rappel _2. La Taxe Tobin**
>
> Proposée par James Tobin (1918-2002), économiste américain et prix Nobel en 1981, cette taxe devait permettre d'enrayer la spéculation par l'imposition d'un taux (0,1 à 0,25%) sur les transactions monétaires. Selon la Banque des règlements internationaux, cette taxe pourrait rapporter 228 Mds de $ par an.

En 1985, la signature des accords de Schengen allait permettre aux ressortissants des dix États de la CEE de circuler librement aux frontières des pays concernés[133]. Près de trente ans après sa mise en œuvre, le bilan de l'espace Schengen apparaît mitigé. En effet, bien qu'il représente un atout économique considérable pour les États de l'UE en matière de tourisme, la langue et la reconnaissance de diplôme restent toujours des barrières à l'immigration du travail

---

133. En 1985, la CEE était composée de dix États (voir patie 4-10).

sur le continent. En effet, peu de diplômes comme le DEES[134] (Diplôme européen d'études supérieures) sont reconnus au niveau européen et la plupart d'entre eux exigent un niveau d'étude élevé. En réalité, seul l'ECTS[135] qui s'apparente au programme Erasmus permet réellement la mobilité des étudiants au sein de l'Union européenne. Sachant que les diplômes universitaires peuvent constituer une barrière à l'emploi sur le continent européen, l'équivalence pourrait s'effectuer à partir de l'enseignement secondaire. Guère évoquée jusqu'à maintenant, l'idée d'un baccalauréat européen permettrait de combler le défaut actuel de reconnaissance de diplômes au sein de l'UE27. Le diplôme ferait ainsi office de « passeport scolaire européen » en permettant aux étudiants d'accéder aux grandes écoles et universités des États membres de l'UE. Cette démarche viendrait notamment renforcer l'espace européen de l'enseignement supérieur et constituerait un grand pas vers le fédéralisme.

Un nouveau rôle pour la BCE

Les perspectives de l'union politique appellent à un renforcement des missions de la BCE au sein de l'Union économique et monétaire. Dans la mesure où les États membres accepteront le pacte de discipline budgétaire et auront opéré une convergence budgétaire autour d'un budget commun, la banque pourra alors procéder au

---

134. Le DEES fonctionne par options et est accessible au niveau bac+2.
135. Système de transfert et d'accumulation de crédit. L'ECTS a été créé par la Commission européenne en 1988. Il est l'un des fondements de l'Espace européen de l'enseignement supérieur.

financement direct des États de la zone euro. La BCE se verrait ainsi attribuer le même rôle que la Banque centrale des États-Unis ou « Federal Reserve System » qui injecte régulièrement des liquidités dans l'économie américaine en faisant tourner la « planche à billets ».

Parallèlement, la banque aura à sa charge la supervision bancaire, effective à partir de 2014. Ce mécanisme aura pour objectif de recapitaliser les établissements bancaires en difficultés par le Mécanisme européen de stabilité. La BCE devra ainsi superviser 150 à 200 banques européennes qui devront répondre à des critères précis[136]. Le mécanisme devrait s'appliquer dans un premier temps à la zone euro puis à l'ensemble de l'UE.

L'Europe de la paix

Ses efforts de paix et de réunification réalisés par l'Europe depuis 60 ans lui ont valu en 2012 l'attribution du prix Nobel de la Paix. Un titre qui apparaît comme une récompense pour un continent qui reste épargné par les conflits qui touchent d'autres régions du monde comme le Moyen-Orient, l'Asie ou l'Afrique, mais surtout un encouragement en vue du fédéralisme...

---

136. Les banques concernées doivent présenter plus de 30 milliards d'euros d'actifs ou peser plus de 20% du PIB du pays d'origine.

Conclusion

C'est donc dans un esprit d'unité et de solidarité que l'Union européenne parviendra à surmonter la crise économique et financière qui a affaibli l'économie mondiale ces dernières années. Une politique économique plus moderne ainsi qu'un renforcement de ses institutions permettront à l'Europe de faire face à la montée en puissance des pays émergents, tout en facilitant le transfert des politiques de l'UE vers les États membres. En dehors de la convergence économique et budgétaire qu'il devra garantir aux États de l'UE, le fédéralisme devra œuvrer en faveur d'une économie verte, de l'élargissement du territoire de l'UE et des flux migratoires qui permettront à l'Europe de répondre aux enjeux de ce 21e siècle dans lequel le continent sera confronté au problème du réchauffement climatique ainsi qu'à l'affaiblissement de sa population vers les années 2030.

Cependant, l'affaiblissement économique et politique de la zone euro depuis 2009 constitue un frein à l'évolution de l'Union économique et monétaire qui représente à ce jour le véritable pilier économique du continent européen. En effet, les difficultés de l'euro sur le marché des changes et l'absence de croissance découragent certains pays à adhérer à la monnaie unique à l'image de la Pologne, soucieuse de conserver son élan économique. Un phénomène qui vient s'ajouter à la défiance de nombreux citoyens eurosceptique comme peuvent en témoigner l'échec des référendums en France et aux Pays-Bas sur le traité constitutionnel en 2005, ou encore l'hypothétique sortie de l'UE évoquée dernièrement par les Britanniques. L'adoption d'une constitution européenne ne sera donc possible qu'avec le consentement des citoyens et des dirigeants européens. En bon visionnaire, le général de Gaulle avait d'ailleurs évoqué les difficultés que pouvait constituer la mise en place d'une Europe fédérale : « L'organisation de l'Europe est une chose énorme, extrêmement difficile et qui à mon sens implique un acte de foi populaire. Les institutions doivent naître des Européens, c'est-à-dire d'une manifestation démocratique, par le suffrage universel, des citoyens de l'Europe. Il faut poser à ces citoyens trois questions : voulez-vous qu'on fasse l'unité de l'Europe, notamment au point de vue de son économie, de sa culture et de sa défense? Voulez-vous que l'on constitue un organe confédératif des peuples de l'Europe pour gérer cette unité? Pour élaborer les institutions européennes, voulez-vous nommer une assemblée? »[137]. Elles représentent autant de défis à relever pour l'Europe dans le futur...

---

137. Conférence de presse tenue au Palais d'Orsay le 14 novembre 1949.

ANNEXES

L'Europe en quelques chiffres

UNION EUROPÉENNE (2012)	
Population	503 824 373
Superficie	4 325 897 km²
Longueur des côtes	65 993 km
Superficie de forêts	42 %
Pop° de moins de 15 ans	15,44 %
Pop° de plus de 64 ans	17,33 %
Densité de pop°	116,3 h./km²
Espérance de vie	79,76 ans
Taux de natalité	10,27 %
Taux de mortalité	10,05 %
Mortalité infantile	4,49 %
PIB par habitants ($)	34000

Source : Statistiques mondiales.

Indicateurs macroéconomiques_2012

	Chomâge (%)	Inflation (%)	Croissance (%)	Comptes courants (%)[1]
Allemagne	5,3	2,1	0,7	6,3
Autriche	4,7	2,6	0,7	1,7
Belgique	7,4	2,6	-0,2	1,5
Bulgarie	12,3	2,4	0,8	-0,7
Chypre	14,6	3,1	-2,3	-6,0
Danemark	7,4	2,4	-0,4	4,8
Espagne	26,1	2,4	-1,4	-1,9
Estonie	9,9	4,2	3,2	-2,7
Finlande	7,7	3,2	-0,2	-0,7
France	10,6	2,2	0,0	-1,9
Grèce	27,0	1,0	-6,4	-7,7
Hongrie	11,1	5,7	-1,7	2,3
Irlande	14,7	1,9	0,7	2,1
Italie	11,3	3,3	-2,2	-0,7
Lettonie	13,3	2,3	5,3	-2,5
Lituanie	13,3	3,2	3,6	-0,9
Luxembourg	5,2	2,9	0,2	6,3
Malte	6,8	3,2	1,0	1,5
Pays-Bas	5,8	2,8	-0,9	8,3
Pologne	10,4	3,7	2,0	-3,6
Portugal	17,3	2,8	-3,2	-3,0
Rep. Tchèque	7,1	3,5	-1,1	-2,9
Roumanie	6,7	3,4	0,2	-3,9
Royaume-Uni	7,7	2,8	0,2	-3,7
Slovaquie	14,7	3,6	2,0	0,0
Slovénie	10,0	2,8	-2,3	1,9
Suède	8,0	0,9	1,0	7,2
ZE17	11,8	2,5	-0,6	1,5
UE27	10,7	2,6	-0,3	0,7

Source : Eurostat.

Institutions de l'Union européenne

Conseil européen (1) Réunion des 27 chefs d'États 4 fois par an Fixe les grandes orientations à (2) Arbitre au sein du conseil des ministres	**Comission européenne (2)** 27 comissaires Propose des directives à (4), (5)

Cour de justice (3)

Garantit l'application du droit européen à (1), (2), (5)

Conseil des ministres (4) 27 ministres des 27 pays membres Nomme les commissaires Codécison élargie sur les directives avec (5)	**Parlement européen (5)** 754 députés Investit la commission Codécison élargie sur les directives avec (4)

Banque centrale européenne

Date de création : 1998
Président : Mario Draghi (ITA)

BCN	Répartition du capital (%)	Capital libéré (€)
Allemagne	26,5589	1 722 155 360,77
France	19,9447	1 293 273 899,48
Italie	17,5261	1 136 439 021,48
Espagne	11,6461	755 164 575,51
Pays-Bas	5,5933	362 686 339,12
Belgique	3,4018	220 583 718,02
Grèce	2,7557	178 687 725,72
Autriche	2,7232	176 577 921,04
Portugal	2,4549	159 181 126,31
Finlande	1,7586	114 029 487,14
Irlande	1,5577	101 006 899,58
Slovaquie	0,9725	63 057 697,10
Angleterre	0,9034	58 580 453,65
Slovénie	0,4611	29 901 025,10
Pologne	0,3046	19 754 136,66
Estonie	0,2510	16 278 234,47
Luxembourg	0,2450	15 887 193,09
Chypre	0,1920	12 449 666,48
Roumanie	0,1534	9 944 860,44
Suède	0,1405	9 112 389,47
Danemark	0,0923	5 986 285,44
Rép. Tchèque	0,0901	5 839 906,06
Malte	0,0886	5 747 398,98
Hongrie	0,0862	5 591 234,99
Bulgarie	0,0541	3 505 013,50
Lituanie	0,0265	1 717 400,12
Lettonie	0,0177	1 144 798,91
TOTAL	100	6 484 283 668,61

Source : Banque centrale européenne.

Banque européenne d'investissements

Date de création : 1958
Président : Werner Hoyer (GER)

ÉTATS	Participation (€)
Allemagne	37 578 019 000
France	37 578 019 000
Italie	37 578 019 000
Royaume-Uni	37 578 019 000
Espagne	22 546 811 500
Pays-Bas	10 416 365 500
Belgique	10 416 365 500
Suède	6 910 226 000
Danemark	5 274 105 000
Autriche	5 170 732 500
Pologne	4 810 160 500
Finlande	2 970 783 000
Grèce	2 825 416 000
Portugal	1 820 320 000
Rép. Tchèque	1 774 990 500
Hongrie	1 679 222 000
Irlande	1 318 525 000
Roumanie	1 217 626 000
Slovaquie	604 205 500
Slovénie	560 931 500
Bulgarie	410 217 500
Lituanie	351 981 000
Luxembourg	263 707 000
Chypre	256 583 500
Lettonie	214 805 000
Estonie	165 882 000
Malte	98 429 500
TOTAL	232 392 963 000

Source : Eurostat.

Budget de l'Union européenne

Date de création : 1957
Capital : 1% du PIB de l'UE

États	Contribution (Mds d'€)
Allemagne	21,190
France	19,076
Italie	14,518
Royaume-Uni	12,918
Espagne	9,626
Pays-Bas	4,268
Pologne	3,502
Belgique	3,343
Suède	2,680
Finlande	2,505
Portugal	2,183
Rép. Tchèque	1,707
Autriche	1,553
Grèce	1,318
Danemark	1,318
Irlande	1,264
Roumanie	1,170
Hongrie	0,923
Slovaquie	0,631
Slovénie	0,338
Bulgarie	0,329
Luxembourg	0,278
Lituanie	0,259
Chypre	0,165
Lettonie	0,157
Estonie	0,130
Malte	0,055
TOTAL	108,328

Source : Commission européenne.

Mécanisme européen de stabilité

Date de création : 2012
Directeur général : Klaus Regling (GER)

ÉTATS	Part (%)	Cotisation (Mds €)	Libérée
Allemagne	27,15%	190025	21717
France	20,39%	142701	16309
Italie	17,91%	125396	14331
Espagne	11,90%	83329	9523
Pays-Bas	5,72%	40019	4574
Belgique	3,48%	24340	2782
Finlande	2,82%	19717	2253
Portugal	2,78%	19494	2228
Autriche	2,51%	17564	2007
Grèce	1,80%	12582	1438
Irlande	1,59%	11145	1274
Slovaquie	0,82%	5768	659
Slovénie	0,43%	2993	342
Luxembourg	0,25%	1753	200
Chypre	0,20%	1373	157
Estonie	0,19%	1302	149
Malte	0,07%	512	58
TOTAL	100,00%	700000	80000

Source : les crises.fr.

AUTEUR

Sébastien Le Guil est un auteur indépendant spécialisé dans l'économie politique. Il est un ancien comptable de l'administration des ventes de la Société Nationale des Chemins de Fer Français (SNCF). Il possède une expérience significative dans la comptabilité ferroviaire et a également effectué diverses missions de gestion au sein de nombreuses entreprises françaises. Il a engagé en avril 2011 des travaux en faveur du développement économique et institutionnel de l'Union économique et monétaire (UE) dans le cadre du fédéralisme européen. Il est titulaire d'un diplôme de l'enseignement secondaire en comptabilité et gestion (BAC) obtenu à Vannes et possède une formation en économie générale où il maîtrise en particulier les sujets relatifs à l'économie mondiale et la politique européenne.

SIGLES

BCE : Banque Centrale Européenne

BERD : Banque Européenne de Recherche et de Développement

BIT : Bureau International du Travail

BRI : Bureau des Règlements Internationaux

CAC : Compagnie des Agents de Change

CDD : Contrat à Durée Déterminée

CDI : Contrat à Durée Indéterminée

CE : Commission Européenne

CECA : Communauté Européenne du Charbon et de l'Acier

CEE : Communauté Économique Européenne

CEEA : Communauté Européenne de l'Énergie Atomique

CGPME : Confédération Générale des Petites et Moyennes Entreprises

CMU : Couverture Maladie Universelle

CPJMP : Coopération Policière et Judiciaire en Matière Pénale

CSG : Contribution Sociale Généralisée

ECTS : European Credits Transfert System

EIE : Énergie Intelligente Europe

FESF : Fonds Européen de Stabilité Financière

FMI : Fonds Monétaire International

FTSE : Financial Times Stock Exchange

INSEE : Institut National de la Statistique et des Études Économiques

IR : Impôt sur le Revenu

IS : Impôt sur les Sociétés

JAI : Justice et Affaires Intérieures

MEDEF : Mouvement des Entreprises de France

MES : Mécanisme Européen de Stabilité

MESF : Mécanisme Européen de Stabilité Financière

ND : Nouvelle Démocratie

OCDE : Organisation de Coopération et de Développement Économique

OIT : Organisation Internationale du Travail

ONU : Organisation des Nations Unies

OPCVM : Organisme de Placements Collectifs en Valeurs Mobilières

OTE : Hellenic Organization of Telecommunications

PAC : Politique Agricole Commune

PCRD : Programme Cadre de Recherche et de Développement

PESC : Politique Étrangère et de Sécurité Commune

PIB : Produit Intérieur Brut

PISA : Programme for International Student Assessment

PSA : Peugeot Société Anonyme

PSC : Pacte de Stabilité et de Croissance

RSA : Revenu de Solidarité Active

RU : Royaume-Uni

SEBC : Système Européen des Banques Centrales

SMIC : Salaire Minimum Interprofessionnel de Croissance

SPD : Sozialdemokratische Partei Deutschlands

TVA : Taxe sur la Valeur Ajoutée

UE : Union Européenne

UE27 : Union Européenne_27 États

UEM : Union Économique et Monétaire

USA : United States of America

USD : United States Dollar

ZE17 : Zone Euro_17 États